JN144289

心理カウンセラーと考える

ハラスメントの予防と相談

大学における相互尊重のコミュニティづくり

杉原保史

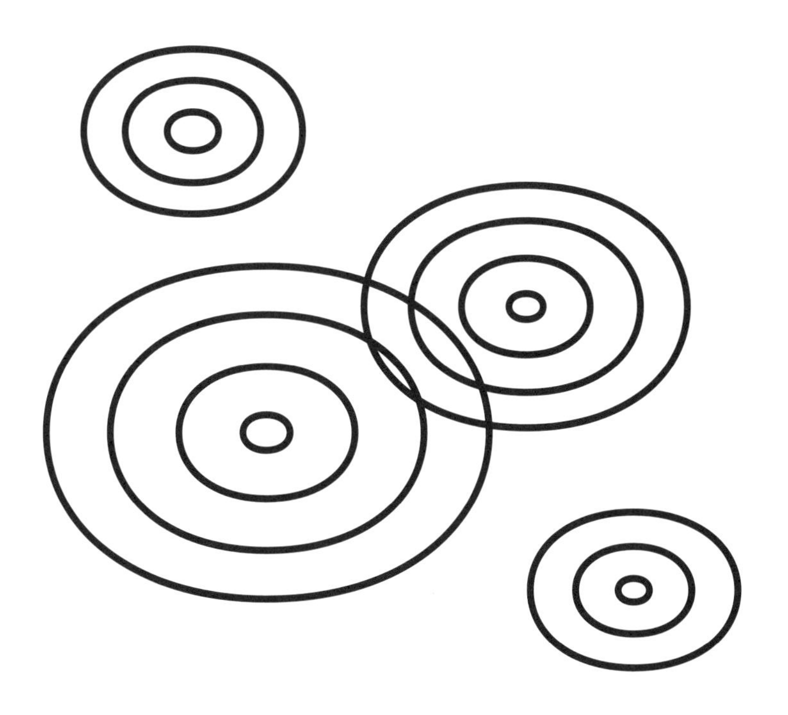

北大路書房

まえがき

本書は，主に大学コミュニティの構成員（教職員や学生など）の方々に向けて書かれたハラスメント問題への取り組みの誘いです。ただ本書は，いずれハラスメントをしてしまうかもしれない読者に，それをしないよう，いさめようと意図して書かれたわけではありません。結果的にはそういう要素も含まれているかもしれませんが，それは意図されたものではありません。むしろ本書は，大学コミュニティのあらゆるメンバーに，ハラスメント問題について知ってもらい，理解と関心を持ってもらいたいという願いから書かれました。大学コミュニティのあらゆるメンバーに，「無関心な傍観者」ではなく「意識の高い関与者」になってもらいたいという願いが本書の出発点です。

「無関心な傍観者」は，加害者とは違って，積極的に人に害を与えるわけではありません。しかしその有害性は，ときとして加害者に劣らないとさえ言えます。私なりに，長年，ハラスメントの問題に取り組んできて，ようやく理解するようになったことですが，ハラスメントは加害者だけの問題ではなく，また加害者と被害者の二者だけに関わる問題でさえなく，コミュニティ全体の問題だということです。コミュニティにハラスメント問題に対する問題意識が高いメンバーが多ければ多いほど，ハラスメント問題は重大化しにくくなります。つまり「たまたま常識はずれの変人で悪人の加害者がそこにいるから，重大なハラスメントの問題が起きる」というような見方は単純にすぎるということです。コミュニティにハラスメント問題について意識の高いメンバーがあまりいないために，ハラスメント問題がエスカレートしてしまい，重大化してしまうという面もあるのです。

ハラスメント問題に関心を向けることは，それ自体が勇気のいることであり，チャレンジでしょう。ごく普通の常識的な人にとって，そんな問題には気づかない方が楽だし，そんな危険でめんどうくさい領域には近寄らない方が生きやすいのです。それはよく理解できることです。誰にでもそういう気持ちはあるでしょう。少なくとも私にはあります。問題は，そういう気持ちがあるかどうかではなく，そういう気持ちに盲目的に支配されて生きるかどうかだと言えます。

私は京都大学の大学院で臨床心理学を専門的に学んだ心理療法家であり心理カウンセラーです。人の悩みの相談を受けて心理的に援助する仕事が私の専門です。私は，そうした心理援助のフィールドを大学に定め，長年にわたって学生の悩みの相談を受ける仕事に携わってきました。

この仕事に関わるようになって30年近くになります。以前は，持ち込まれる悩みと言えば，対人恐怖，劣等感，性格についての悩み，生きる意味についての悩み，などなど，相談者自身の内面的な悩みが圧倒的に多かったものです。けれども，時代とともに，徐々に，「異性の先生から不適切にプライベートに踏み込んだメールや電話が来て怖くなった」「指導の先生がまともな理由もなく自分の研究指導をしてくれない」「指導の先生から研究以外の雑用をするよう強要される」「一貫性を欠く指導をされた上にヒステリックに叱られる」などといった先生に対する苦情を中心とした悩みの相談が増えてきました。

そうした悩みの変化と一致して，メディアでも，セクハラ，パワハラ，アカハラといった言葉がしばしば見られるようになってきました。そして，そうした時代の流れの中で，大学は公的にハラスメント問題に対応するための制度を整えるようになってきたのです。同時に，私の相談業務にも，従来の悩み相談のカウンセラーの役割に加えて，ハラスメント相談員という役割が公式的に付け加わりました。

本書では，大学における心理相談の実践に長年携わってきた私の経験と，心理学の専門的知識を背景として，ハラスメント問題についての私なりの理解を提示し，予防や相談についての考えを述べようと思います。本書の論考は系統立てられたものではありません。ときには個人的な意見や感想をも述べようと思います。というのも私は，ハラスメントと呼ばれているいじめや暴力の問題を，まったくの他人事として論じたくはないからです。そんなことをしていては，本当の理解にも，本当の予防にもたどり着けないと思うからです。

本書には，未熟な点や，足りない点が多々あると思います。どうか忌憚ないご意見をお寄せ下さい。ご意見を受けて，もっともっと深めて考えていきたいと思っています。読者とともに歩むことが私の願いです。

なお，最後にひとつお断りしておきたいことがあります。本書は，大学におけるハラスメント相談員としての私の相談経験をもとに書かれていますけれども，私自身がお受けした相談の個別具体的な内容に関してはいっさい触れていません。私自身がお聞きした実際の相談経験に基づいている場合でも，個人が特定されないよう，きわめて一般化した表現にとどめています。実際の相談が知りたいという要望を耳にすることはしばしばあるのですが，残念ながら本書はそうした要望に応えるものではありません。

というのも，相談は非常にデリケートなものです。相談員には相談に来られた方のプライバシーを守る義務があります。とりわけハラスメントの相談では相談に来られた方のみならず，他の関係者のプライバシーも関わってきます。たとえ相談に来られた方が，ぜひ広く世間に公表してくださいとおっしゃったとしても，関係者の方々がみなそれに同意されるとはとうてい思えません。ですので，本書ではそうした個別具体的な内容は扱っていません。

それでもなお，本書は，ハラスメントの問題に苦しんでいる相談者の方々と直接に接して，私なりに考えたことや感じたことに基づいたものであることには違いありません。現場に身を置くことによってしか生まれえない感覚や思索が，本書の行間を通して伝わることを願っています。

もくじ

2部 ハラスメントの予防

3部 ハラスメントの相談

4部 ハラスメントの調査と対応

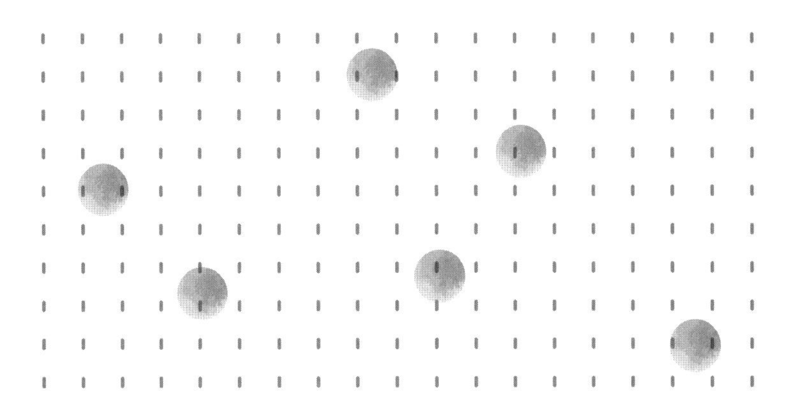

1部 ハラスメントの理解

1部ではハラスメントとは何か，ハラスメントをどう理解すればよいかということを考えます。この言葉の中核的なイメージ，その広がりや境界線のあり方について考えてみましょう。そして，特に大学という場におけるハラスメントの特徴についても考えてみます。ごく基本的なことから解説していますので，読者によっては退屈だと思われるところもあるかもしれません。そういう場合は，読み飛ばしてくださっても結構です。

1章　ハラスメントとは

本章では，ハラスメントをめぐる探究の出発点として，ハラスメントとは何かという問いを中心に基礎となるいくつかのトピックについて考えます。ハラスメント問題の性質についてさまざまな角度から考えてみましょう。この問題に対する本書のスタンスについても触れることになるでしょう。

1　専門家に答えを出してもらうのではなく，自ら考える姿勢

多くの人が，ハラスメントには明確な定義があると信じています。弁護士をはじめ，この問題の専門家に訊けば，何がハラスメントで，何がハラスメントではないかについて，明確な答が返ってくるものと信じています。

しかし，実際には専門家の間でも意見が一致しないことはよくあります。むしろ，何がハラスメントで何がハラスメントではないのかということは，当事者，関係者，その社会を構成する普通の人々が，考えや感情を丁寧に率直に話し合うことを通して，そのつど，定まっていくものなのです。つまりある行為がハラスメントであるのかどうかは，その個別の文脈に応じて，社会的に共同決定されていくものだということです。

本書は，専門家でも何でもない，社会を構成するごく普通の人たちが，ハラスメントに関してそれぞれ自分なりに判断していく力を成熟させていくことを重視しています。最初から専門家に白か黒か

の判断を委ねてしまう姿勢は，むしろ普通の人たちの判断力を弱体化させます。最終的には専門家に委ねることが必要な場合もあるでしょうが，それとともに普通の人たちが自分たちなりの判断をしっかり持てるようにしておくことが大切です。

ハラスメントの問題はどれも複雑で，そう簡単に白黒がつかないことも多いでしょう。容易に解決のつかない矛盾を抱えながら，それでも自分なりに一定の判断を下していくことが必要なのです。物事を多面的に見て，さまざまな考えを統合し，矛盾を孕んだ複雑な感情をも抱えていける感受性の器を開発し，主体的に判断を下していくことが必要なのです。

それでは以上を前提として，ハラスメントとは何なのか，見ていきましょう。

2 ハラスメントとは何か？

ハラスメントという概念が日本の社会において広く普及したのは，そんなに遠い昔のことではありません。セクハラが新語・流行語大賞を獲得したのが1989年です。その後，セクハラ，パワハラ，アカハラといった言葉が急速に普及し，もはやハラスメントという言葉は日常語の一部に取り入れられました。それ以前にもハラスメントの事態は当然あったわけですが，ハラスメントという言葉が社会に普及していなかったために，ハラスメントという認識はなされず，たいていは単なる個人的な災難として見過ごされてきたのです。言葉には人の認識を変える力があるということがよくわかります。

ハラスメントが法的に最初に取り上げられたのは，1998年の人事院規則です。人事院規則というのは，国家公務員のあり方を定めた法律です。そこに，セクシュアル・ハラスメントの防止についての規則が加えられたのです（人事院規則10-10）。この規則は，各省庁の長に職場におけるセクシュアル・ハラスメントを防止するために必要な措置を講じるよう義務づけています。

大学に関して言えば，1999年に「文部省におけるセクシュアル・ハラスメントの防止等に関する規程」が制定されています。各大学はこの規程に基づき，セクシュアル・ハラスメントの防止に取り組むことが求められるようになりました。その後，2007年4月に施行された改正男女雇用機会均等法は，事業主に同様の義務を課しています。大学も事業所ですから，改正男女雇用機会均等法を遵守しなければなりません。

このように20世紀の終わりごろから，セクシュアル・ハラスメントを予防し，相談体制を整え，対応することが，大学にとっての法的義務となりました。各大学はそれぞれ規程やガイドラインを制定し，セクシュアル・ハラスメントに取り組むようになりました。そしてその後，その取り組みはパワー・ハラスメントやアカデミック・ハラスメントにも広げられていきました。

現在，ハラスメントは，かつて「いじめ」「嫌がらせ」「人権侵害」などと呼ばれていたものを指すための言葉として，完全に普及したと言えるでしょう。しかしこれらの言葉はもともと厳密に定義されてから普及したものではなく，中核的なイメージは共有しながらも，人によりまた文脈により多様な意味で用いられており，かなり広範囲の内容を含むものとなっています。

たとえば，最も深刻な場合，ハラスメントは明確に犯罪と言えるものを指していることもあります。ハラスメントとされた行為の内容が，暴行，傷害，器物損壊，名誉毀損，恐喝，強姦，強制わいせつなどの犯罪に当たる内容を指していることがあるのです。ストーカー被害も，しばしばセクハラとして相談現場に持ち込まれることがあります。その中にはストーカー規制法に則って対応するべきだと思われる場合もしばしばあります。その一方で，ハラスメントとして相談に持ち込まれることの中には，マナーやエチケットや社会常識の問題と考えられるような比較的日常的で軽微なものも含まれています。

このように，ハラスメントという言葉は，非常に幅広く多様な意味で用いられているというのが現状です。しかし，この言葉の最も中核的な意味をわかりやすく言い換えるなら，ハラスメントとは結局はいじめだと言えます。「ハラスメント」という外来のカタカナ言葉は，その実際の中身に対して，やや距離を取った，知的なラベルづけになっていると思います。ハラスメントという言葉で言及されている事態の中身は，端的に言って，いじめなのです。殴る，蹴るの身体的暴力もあれば，言葉の暴力もあります。性的暴力もあります。無視や仲間はずれなど，ネグレクト系の暴力もあります。しかし形は違っても，その本質は子どものいじめと何ら変わりはありません。大人の知恵を踏まえているだけに，いっそう悪質であることもしばしばです。「ハラスメント」というカタカナの外来語のラベルを用いたところで，その実際の中身のドロドロがサラサラになるわけではありません。

もちろん，ハラスメントは，もっと他の言葉で表すこともできます。暴力，嫌がらせ，人権侵害だと言うこともできるでしょう。倫理規範に反する人間関係上の行為だという言い方もできるでしょう。

また，ハラスメントは権力を濫用する行為と言える面も含んでいます。ハラスメントは，権力関係（強者と弱者の関係）を背景として生じます。ここで言う権力とは，教員と学生，教授と助教，係長と係員などの間に存在する制度的な権力だけを意味するものではありません。それは，どのような性質の力であれ，相手に，当人の望まないことを強いるのを可能にする力一般を意味しています。この意味で言うと，制度上，指導教員と学生という関係になくても，大学の文脈では，高度の学問的知識を豊富に持つ者と，それを持たない者との間に権力関係が生じます。研究室活動や部活動において，上級生と下級生の間にもしばしば権力関係が生じます。組織の中に圧倒的多数派と少数派とが存在するとき（たとえば多数の日本人学生と少数の留学生，多数の女子学生と少数の男子学生など），その両者の間にはやはり権力関係が生じます。

さらには，ハラスメントの問題には，モラル（道徳性）の低下が関わっています。いじめも権力の濫用も，モラルが健全に維持されている個人や集団では，起こらないことだからです。

以上をまとめると，ハラスメントとは，モラルの低下により，権力が濫用され，強者が弱者をいじめる非倫理的な行為である，と言えるでしょう。

しかしその内実は実にさまざまです。ハラスメントの下位概念としてよく用いられるものに，セクシュアル・ハラスメント，アカデミック・ハラスメント，パワー・ハラスメントがあります。その他にもモラル・ハラスメント，アルコール・ハラスメント，マタニティ・ハラスメントなど，数え上げればきりがありません。ハラスメント関連概念はそれが起きる文脈の数だけ増えていくことが可能なのです。

また，前述のように，現在，ハラスメントと呼ばれているものの中には，法律に触れるような犯罪も含まれています。刑法や民法で法的責任を問われるようなものもあります。しかし，ハラスメントの問題を考えていくに当たって，法的責任を問われるかどうかという問いは本質的な問いではありません。ハラスメントは，法的責任を問われなければそれでよいというような性質のものではないのです。むしろ法的な問題にはならなさそうな曖昧なもの，小さな問題を丁寧に考えていくことこそが，法的な問題にまで発展するような大きな問題を予防することにつながるのだと思います。

また，ハラスメントとは何か，特定の行為がハラスメントと言えるかどうか，といった定義や判定の問題にこだわりすぎることで，かえって被害者を助け損なう危険性が高まることがあるということにも注意が必要です。ハラスメントの定義や，特定の行動のハラスメント性の判定にこだわって知的・抽象的・概念的な議論を延々と重ねている間に，被害者はどんどん疲弊していってしまうこともあります。ハラスメントとは何なのか，この行為はハラスメントであるかどうか，といった問題にエネルギーをかけすぎず，柔軟に考えて，ともかく苦しんでいる当事者を実際的に助ける努力を優先させていく方がよいこともあります。

3 ハラスメントのダメージ

ハラスメントはなぜいけないのか，そんなことを説明する必要があるでしょうか？　ハラスメントは理屈抜きに予防すべきものだと言うべきかもしれません。しかしそれでは伝わらない人もいるでしょう。ハラスメントがいかに広範囲に大きなダメージを与えるものであるか，ここであらためて確認しておきましょう。これによってハラスメントを予防することの意義が少しでも伝われぱと思います。

当然のことながら，ハラスメントは被害者に害を与えます。被害者は不快な思いをするだけでなく，精神的に調子を崩し，ストレス性の障害を発症することもよくあります。被害者自身の学業や仕事のパフォーマンスが低下します。こうした影響は，被害者の人生を左右するほど深刻になることもありえます。

また，ハラスメントが生じると，事実関係の調査のために，加害者，被害者，そして彼らを取り巻く関係者たちは膨大な時間と労力を割くことを余儀なくされます。さらには，調査委員会をはじめ，人権委員会，教授会，懲戒委員会など，多くの関係教職員の時間と労力を奪います。

訴訟に発展すれば，加害者が責任を問われるばかりか，研究室の教育・研究環境に責任のある教授や，専攻長や研究科長のような管理職者も，対応のあり方次第では管理監督責任を問われ，処分の対象になる場合があります。大学も使用者責任を問われることになる可能性があります。

被害者だけでなく，その周辺にいる関係者全員が影響を受けます。研究室でハラスメントが生じると，研究室メンバーの全員の志気が下がります。こうした環境を嫌って，被害者を含め，優秀な人材が流出することもあります。周囲の人間も無関係ではいられません。ハラスメントは加害者と被害者だけの問題ではなく，コミュニティ全体の問題なのです。

大学のイメージが傷つけられ，社会的信用が低下するということもあるでしょう。

こうしたことから，ハラスメントはいったん生じてしまうと，非常に大きな損失をもたらします。それを思えば，予防に力を注ぐことは理に適っています。

4 ハラスメント問題の複雑性

いじめや暴力はときに単純化して語られます。しかし，実際に起こっている現象を調べてみるなら，いじめや暴力は非常に複雑怪奇でわかりにくいものです。いじめや暴力と，いじめや暴力でないものとの境界はときに定かではありません。ふざけているのか，いじめなのか。優しい気づかいとして距離を置いているのか，冷たい拒絶として距離を置いているのか。気さくに声をかけてくれているのか，無神経に踏み込んできたのか。大事に思われているから厳しく叱られているのか，どうでもいい人間だと思われているからひどく叱られているのか。

そもそも，多くの場合において，何の人間関係もないところからいきなりいじめや暴力の関係が発生するわけではありません。愛情や関心で結びついた関係が，いつしか，いじめや暴力の関係へと発展してしまうということも多いのです。そして，被害者がいじめや暴力の問題を訴え，名目上は加害－被害関係となってからもなお，加害者ないし被害者と面談していると，その人の表情や声のトーンや言葉のあやから，相手に対する愛情や気遣い，あるいは相手からの関心を求める思いがちらちらと垣間見られることもまれではありません。

つまり，いじめや暴力だけが，愛情や肯定的な関心から切り離された形で，単純に，純粋に存在しているとは限らないのです。かなりのケースで，愛情や好意や尊敬と，嫉妬や妬みやライバル心，憎しみ，報復心，敵意などが，ぐちゃぐちゃになって混在しています。だからややこしいし，難しいのです。

しかしその一方で，複雑な愛憎の入り混じりはなく，単純に無知・無関心の結果といえるようないじめも確かにあります。コミュニティにおける弱者やマイノリティのニードは，しばしば，何ら特別な感情も伴わずに，ただ単に無視されます。権威者やマジョリティの都合で官僚的に処理されます。弱者やマイノリティの切実な声を機械的な反応で切り捨てていくなら，それはもはや単なる無知ではなく，ハラスメントの領域に入るものとなるかもしれません。

こうした場合にも，どこまでが合理的で適切であり，どこからがハラスメントなのかの境界線は容易に引くことができない場合も多いでしょう。またこうした問題は単に個人による加害の行為ではなく，組織レベルの加害の行為であることも多いでしょう。

たとえば，入学はできたものの学力不足で授業についていけない学生が修学支援を求めたとします。このとき，大学側がそうした学生支援を十分に整備しようとしないとすれば，それは大学としての組織的なハラスメントなのでしょうか。それともこの学生の自己責任の問題なのでしょうか。この判断自体，難しいこともあるでしょう。学生は学生支援担当の最高責任者を相手にハラスメントの申し立てを起こそうとするかもしれません。しかし，このときその責任者が個人としてその学生に嫌がらせをしているわけではないでしょう。単に大学の組織上，その人がこの問題の最終責任者であるから，その個人の名前が挙げられているだけなのです。このとき「加害者」とされているのは，実際のところ大学という組織なのです。

組織が理想通りではないとき，それをもってハラスメントだとする捉え方は，間違いだとは言えませんが，個人間の問題とはずいぶんレベルの違う問題であるとは言えます。実際，たいていの大学のハラスメント相談においては，組織レベルの問題は扱わず，個人間の問題のみを扱っています。本書でもそれに準じて，基本的に個人対個人の問題を扱います。けれども，組織レベルで不合理かつ不条理なことが行われるという事態は，確かにあります。しかし通常これは「ハラスメント」という概念を超えるものと見なされます。傷害罪や殺人罪と戦争とが違うものだとされているのと似ているかもしれません。本書はこうした問題にまで射程を広げることはしません。決してそうした問題を無視したり軽視したりしているわけではありません。むしろ私はそうした組織レベルの不公平を非常に重大な問題だと認識しています。けれども，議論の範囲が広がりすぎるため，本書では扱いません。

また，被害とは何かという問題も，単純ではありません。とりわけセクハラに関しては「被害者が被害感を感じたなら，それは被害なんだ」という言説もしばしば聞かれますが，そうした主張がいつも合理的であるわけではありません。極度に敏感な感受性を持っていて，多くの人がさほど不快には感じないようなことにも，不快を感じる人も現にいるからです。感覚の敏感さには生まれながらの個人差があります。また，過去に強烈な外傷経験がある人は，その経験を思い起こさせるような特定の状況に対して過敏に反応してしまうこともあります。

ここでもやはり私はそんな特殊な感性の人に配慮する必要はないと主張したいわけでは決してありません。ただ，個人が不快感や被害感を抱くと，即，それはハラスメント被害であるという議論は乱暴に過ぎると言いたいだけです[1]。

このように，ハラスメントの問題は，通常，思われているほど単純なものではなく，その概念の輪郭も，加害者－被害者関係も，加害者の概念も，被害者の概念も，非常に複雑で曖昧です。その中で，それぞれの事例で状況を細かく検討し，的確な判断を下していくことが必要なのです。

1：厚生労働省のホームページには，セクシュアル・ハラスメントの判断基準として以下の記載があります。「労働者の主観を重視しつつも，事業主の防止のための措置義務の対象となることを考えると一定の客観性が必要です」「被害を受けた労働者が女性である場合には『平均的な女性労働者の感じ方』を基準とし，被害を受けた労働者が男性である場合には『平均的な男性労働者の感じ方』を基準とすることが適当です。」

5 本書の立場

先に進む前に，ここでハラスメントについて考えていくに当たっての本書の立場を押さえておきたいと思います。ハラスメントは多様な視点で見ていく必要がある問題であることから，さまざまな立場の人がハラスメントについて論じています。論じる人の立場や視点によって，この問題にはさまざまな論じ方があると思います。ですから，ここで，本書の基本的な立場を読者と共有しておきたいのです。

(1) 自分のこととして捉える視点

いじめや暴力はときに他人事として語られます。他人のいじめや暴力を非難することは簡単ですし，格好よく見えるかもしれません。しかし，自分の外に単純な極悪人の像を作り上げることは，しばしば，自分の中の悪の心を見ないでおくための防衛的な方略です。いじめや暴力を他人事として語り，非難している限り，本当にそれを理解することはできないと思います。「悪人を非難することほどたやすいことはない。しかし悪人を理解することほど難しいことはない」。ロシアの文豪ドストエフスキーの言葉です。

私は，人間である限り，誰の中にもいじめや暴力の種となるような気持ちは根ざしていると思っています。少なくとも私自身についてはそう言えます。自分の中に潜んでいるいじめや暴力の心性を見つめていくのは気が重いことです。しかし，自分の中の暴力の心性を見つめることなしに悪人を非難しても，その言葉は軽く空しいだけだと思います。

自分の中の暴力的な心を見つめ，ハラスメントの問題を常に自分のこととして捉えることが，この問題を理解するための最もシンプルな道なのだと思います。おとぎ話の中の幸福の青い鳥はどこか遠くではなく，はじめから自分の家にいました。それと同じように，ハラスメントの問題を理解する道も，どこか遠くに求めて得られるものではなく，自分の心の中を見つめることでこそ得られるものでしょう。

しかし一方で，自分の中の暴力的な心に気づくことと，現実に暴力的に振る舞うこととの間には深い溝があるということを認識しておくことも必要です。言い換えれば，悪人の心を理解するだけでは不十分なのです。多くの人は，悪の心を持ちながらも，実際には悪を実行しません。悪を抑止する力は何なのか，それはどこから来るのかを理解することも必要です。さらには，もっと積極的に，善の心を，そして，勇気をもって善を行使する力を理解することも必要です。こうした諸力を理解したときにはじめて，私たちは，悪人を理解したと言えるでしょう。悪人とは，つまりはそうした諸力の育成や働きが何らか阻害された状態にある人のことだからです。

それはとてつもない大仕事のようにも思えます。しかし不十分にしかできなかったとしても，十分に意味のある仕事でもあります。本書においては，私の心理学の知識の範囲内で，ささやかながらこの問題に取り組んでみたいと思います。

(2) 心理学的な視点

ハラスメント問題は多面的な問題であり，さまざまな専門性を背景とした論者が意見を述べています。ハラスメント問題には法律的な側面がありますから，法律家や法学者が書いた本がたくさんあります。また，ハラスメント問題には，同じ社会に属するメンバーが共有する規範意識に関わる問題という側面もあります。この問題が大きく取り上げられるようになったのは，そもそも，女性に対するセクシュアル・ハラスメントの問題が発端でした。そういうわけで，社会学者，とりわけフェミニズムの立場に立った社会学者や女性学者からの発言も多く見られます。

しかしそれらに加えて，ハラスメント問題には，心理学的な側面もあります。実際，相談現場では心理学の教育・訓練を受けた数多くのカウンセラーたちがハラスメント問題に関わっています。ハラスメントを受けて悩んでいる人，ハラスメントを行っている人の相談に応じ，問題の解決に向けた努力をサポートするには，心理学的な知識と技術が必要です。

にもかかわらず，この問題に関して，心理学者からの発言は法律家や社会学者の発言に比べてかなり低調であるように見えます。

これと関連して，ハラスメント問題に積極的に関わっている他分野の人たちの中には，伝統的な心理カウンセラーをやや不信の目で見ている人がかなり存在するように感じられます。しばしばそうした人たちは「心理カウンセラーは，相談に来た人の訴えを，加害者のせいだと考えるよりも，その相談に来た人自身の心理的な傾向のせいだと考えがちだ」と批判しています。そして「心理カウンセラーがそうした考えに立って対応しがちであるために，加害者は放置され，黙認されてしまう。被害者は，結局，泣き寝入りさせられてしまう」と考えているようです。

私は，現在の心理カウンセリングの世界全般を公平な目で見渡すとき，こうした批判には，残念ながら，ある程度，的を射ている面があると思っています。伝統的に心理カウンセリングの専門性は，心の内面の問題を解きほぐすことに置かれてきました。カウンセリングの専門的な訓練の中には，クライエントの精神状態に悪影響を及ぼしている現在の環境の問題に注目するような内容がほとんど含まれていない場合が多いのです。

しかし一方で，こうした批判には行きすぎと思える面もあります。というのも，現場の心理カウンセラーの多くは，実際にはハラスメントの相談に対して柔軟に現実的に対応しているからです。ただ，彼らが受けてきた訓練や，彼らが信奉している心理カウンセリングの理論は，そのような柔軟で現実的な対応を支持したり説明したりするものではないので，彼らはそのような実践をあまり世間に公表しないのです。そうした実践は，彼らの専門家意識の光の下では，価値が低い実践とみなされてしまうからです。彼らは自らの適切な実践を，不適切な古い理論の光の下で，価値が低い実践とみなしてしまい，どこにも公表することなく封印してしまうのです。そのためにいつまでたっても誤解が解けないのです。

これ以上この問題に深入りしていくと，心理カウンセリングの理論的な議論になっていきますし，本書の範囲を超えた議論になっていきますので，ここでは控えることにします。ただ，この領域において私の考えを深く導いてきた存在として，ポール・ワクテル先生[2]と，田嶌誠一先生[3]の名前を挙げておきたいと思います。

広く心理学の世界を見渡せば，ハラスメント問題に関して，心理学者には発言すべきことがたくさんあります。ハラスメント問題には，後で詳しく論じるように，心理学的要素が濃厚に含まれていることは明らかなのです。

2：Wachtel, P. L.（2014）*Cyclical psychodynamics and the contexual self.* Routledge.; ワクテル，P. L.（1983/ 1985）『豊かさの貧困』TBS ブリタニカ

3：田嶌誠一（2011）『児童福祉施設における暴力問題の理解と対応：続・現実に介入しつつ心に関わる』金剛出版

2章　ハラスメントの分類

　1章ではごく大まかにハラスメントについて，そして本書の立場について述べました。本章ではもう少し詳しくハラスメントについて見ていきます。

　ハラスメントはよくその内容や文脈によって分類されます。ここでは，セクシュアル·ハラスメント，アカデミック·ハラスメント，パワー·ハラスメントに分けて見ていきましょう。

1　セクシュアル・ハラスメント

　セクシュアル・ハラスメント（セクハラ）とは，性や性別に関するいじめや差別であり，モラルや品格を欠く行為です。ここで，性や性別というと，男性と女性という2つのカテゴリーのみ，ヘテロセクシュアルな性志向のみを想定しがちですが，レズビアン，ゲイ，バイセクシュアル，トランスジェンダーといった性的マイノリティも含まれていることに注意を喚起しておきましょう。性的マイノリティに対する差別的な言動もセクハラになります。

　さて一口にセクシュアル・ハラスメントと言っても，そこにはかなり違った種類のものが含まれていますので，さらに分類して考える方がわかりやすいでしょう。

　一般にセクハラは，環境型セクハラと対価型セクハラの2つに分類して説明されることが多いです。まずはその分類に従って説明していきましょう。

(1) 環境型セクハラ

環境型セクハラは，教育環境や職場環境に不適切な仕方で性や性別を持ち込むことによって，人に苦痛をもたらすハラスメントです。

性や性別に関して，適切な文脈というものがあります。個々人のプライベートな時間，空間においてなら何ら問題のない言動でも，大学の公的な場，教育や研究の文脈においては不適切ということがあります。これは常識や良識の問題と言ってもいいですし，品格やモラルの問題と言ってもいいです。場をわきまえるとか，時と場合を考えるとかいうことです。

具体的に挙げてみましょう。研究室や図書館のパソコンでアダルト映像を見る。研究室で性的な内容の雑談をする。教員が研究室の親睦会で慣習的に女性にお酌や給仕の役割を取らせる。教員が研究室の親睦会の挨拶に立って「女性のスカートとスピーチは短かければ短いほど喜ばれるそうで」と発言する。教員が男性の大学院生には「早く結婚して研究に打ち込め」と励まし，女性の大学院生には「結婚は考えずに研究に打ち込め」と励ます。教員が学生の異性関係について根掘り葉掘り聞く，などなど。

これらの言動の中には，本人としてはいじめや暴力をまったく意図していないものもあるでしょう。本人からすると，自分の言動が誰かを不快にさせたり，ことによると深く傷つけていたりするなどとはまったく思いもよらないかもしれません。日頃から，こうしたことに対して世の中の一般の人たちがどのように感じがちなのかについての感受性を育てていくことが必要です。大学や職場という文脈において性や性別をどう扱っていくことが適切なのか，意識を高めておく必要があるでしょう。

しかし一方では，こうした問題に関しては，不快だとかおかしいとか感じた側も，黙っていないではっきりとそう伝える勇気を持つことが大切です。というのも，相手はまったく違った感覚を持っているかもしれないからです。

ハラスメント全般についても言えることですが，とりわけセクシュアルなことがらについては，どこまでが適切で，どこからが不適切なのかの境界線は非常に曖昧です。個人によっても受け止め方はかなりさまざまです。その基準は，誰かひとりが決めることのできるものではなく，文化的・社会的に共決定されるものです。みんながさまざまな場面についてどのように感じのるかを互いに率直に言葉にすることの積み重ねから，適切な範囲がどこまでなのかについての大まかな社会的合意が形成されていくのです。これは当事者だけでなく，コミュニティのみんなが関わることがらです。そうした集団的な合意形成の作業を離れて，ハラスメントの普遍的・絶対的な基準があるわけではありません。こうした社会的な合意形成のプロセスを無視して独善的に自分の基準を押しつける人がいるとすれば，その姿勢こそが，ハラスメント的だと言えるかもしれません。

したがって，常に他者の感じ方にオープンな関心を持ち，話し合いに開かれていることが必要です。そして，不快や傷つきを感じたなら，自分のそうした感覚を伝えていくことが必要です。10年，20年，30年という単位で振り返れば，セクシュアル・ハラスメントについての社会的な判断基準は，ずいぶん変化してきました。それは，多くの勇気ある人たちが声を上げてきてくれたおかげなのです。みんながただ黙っていたのなら，こうはなってこなかったでしょう。決して無理をする必要はありませんが，勇気を持って気持ちを伝えることは大切です。そのことについてはこれから本書を通して何度も強調していきたいと思います。ハラスメントは，かなりの部分，コミュニケーションの問題であり，その予防にもコミュニケーションが重要なのです。

(2) 対価型セクハラ

対価型セクハラは，強者が自分の性的な欲求を満たすために弱者を利用するいじめです。弱者がおとなしく従って性的な関わりを与えれば，強者から何らかの利益が提供され，弱者が性的な関わりを拒否すれば，強者から何らかの不利益がもたらされるという具合です。

たとえば，以下のような例が挙げられます。男性の教員が女子学生を卒論指導と称してホテルのバーに呼び出し，お酒を飲ませた上で，部屋に誘う。女子学生が拒否すると，「卒業できなくなってもいいのか」と脅す。

しかし，相談場面で出会うセクハラは，実のところ，必ずしもこのようにわかりやすいセクハラばかりではありません。後の章（4章）でも論じるように，もっと微妙で複雑なケースも多いのです。つまり，恋愛関係のもつれと対価型セクハラとが入り交じったような印象を受ける場合も多いのです。

加害者とされた人物が，後に被害者となる人物に対して最初から一方的で強引な関わりをしていたようには見えず，また後に被害者となる人物も，最初から一貫して拒否的な姿勢を示し続けていたわけでもない。親密な男女の間で交わされるようなメールのやり取りがあったり，二人だけで約束して食事に出かけていたり，プレゼントのやり取りがあったりなど，よくある恋愛の始まりの微妙な親密さの時期があるように見える。後に加害者とされるようになる人も，後に被害者となる人も，互いに嬉しさ，期待，不安など，いろんな気持ちを抱きながら，関係が展開していったように見える。そのようにして日々のつきあいが深まっていく中で，互いの言動の意図や期待の微妙な掛け違いが重なり，どこかで決定的な破綻に至ったと見えるようなケースもあります。

こうしたケースにおいて，互いに親密な関係を発展させた時期があったからといって，対価型セクハラの要素が不問にされてよいということではありません。ただ，世間でよく見かける書物やパンフレットに書かれている対価型セクハラの例は，先に示したような非常にシンプルに加害的な例ばかりであることが多く，かえって実態に即した理解を妨げているように思えるのです。

つまり，現実のセクハラはもっと複雑なのです。問うべき価値のある問いは「セクハラかどうか」ではなく，「セクハラの要素がどれくらい含まれているか」という問いでしょう。ある相談事例を「セクハラかどうか」と問うことは，ある行為を「善か悪か」と問うことと同じくらい単純化しすぎた問いだと思われます。

2　アカデミック・ハラスメント

大学という文脈を背景としたハラスメントのうち，非性的なものがアカデミック・ハラスメントと呼ばれています。

一口にアカデミック・ハラスメントと言っても，やはり非常にさまざまなものがあります。以下においては，アカデミック・ハラスメントのヴァリエーションを見ていきましょう。ここでは，大きく8つに分類してみます。以下をお読みいただければわかるように，これらの分類はすっきりと境界線が引けるようなものではなく，実際にはかなり重なり合うものです。

(1) 身体的な攻撃

最も単純で直接的な物理的，身体的な暴力です。ある意味では，最も見えやすく，わかりやすいものです。即時的で具体的な行為として観察可能，記録可能なものです。

たとえば以下のようなものです。叩く，殴る，蹴る。胸ぐらをつかみ上げる。突き飛ばす。肩をこづく。書類や物を投げつける。

学校教育やスポーツ指導の場面において，近年，体罰による痛ましい被害の実態が明らかになってきています。それと呼応して，体罰の禁止が周知徹底されるようになってきています。直接的な身体的暴力は，それがどのような動機によるものだとしても，教育上，不必要ですし，誤解を招く危険性が高いものです。

確かに，体罰は，特に害がないように見えたり，ことによるとその場面では有益なように見えたりする場合もありえるでしょう。体罰を容認する立場の人は，そういう経験を根拠にしていることが多いようです。

しかし，体罰は，エスカレートしがちです。そして，場合によっては非常に有害な結果をもたらします。そのことは歴史が繰り返し証明してきました。体罰は単に痛みや恐怖から逃れたいという動機を喚起するだけです。そのような動機によって学生に何かを学習させたり，学生のパフォーマンスを高めたりしたとしても，そのプラスを上回るマイナスがあることを認識しておく必要があります。

体罰に代表される直接的な身体的暴力だけが問題ではありません。以下に続くようなハラスメントの中には，決して手を出してはいないけれども，しかしなお，平手で頬を打つ以上に人を深く傷つける言葉や行為もあります。

(2) 言葉による攻撃

これも単純で直接的な暴力なのですが，身体的なものではなくて言葉上のものです。具体的な言葉として観察可能，記録可能なものです。

たとえば以下のようなものです。

「バカ」「アホ」「低能」「幼稚園並み」「ブス」「デブ」「みっともない」「見たくもない」「お前なんか努力しても無駄だ」などといった人格を否定する言葉でののしる。本人だけでなく，家族を非難する場合もあります。

他には，「死んでしまえ」「殺したろか」などの言葉で脅すというのもあります。「やめてしまえ」というのも，冷たい口調で言い放たれたものであれば，言葉の暴力として働くことが多いでしょう。言った側にそのつもりはなくても，言われた側にとっては，上に挙げたような言葉と同じような働きをしてしまいます。

たとえ本当にやめて別の進路を考えた方がいいと思われるような学生であったとしても，単に「やめてしまえ」と言い放って放置するだけであれば，教育的な指導としての効果はほとんど期待できません。プライバシーの守られた状況で，ていねいに具体的に根拠を示しながら，この専門には適性がないようだから，他の道を考えた方がいいのではないかと再考を促すということこそ，教員としての適切かつ必要な指導だと思います。

一度，思わず「バカ」と怒鳴ってしまったことがあったからといって，ただちにハラスメントだということになるわけではありません。普通は，すぐに謝ればすむ話です。内容の程度が酷く，人前で，長時間，長期間にわたって，日常的に繰り返される，といった要素が濃くなるほど，ハラスメント性が高まります。

(3) 人間関係からの切り離し

特定の人だけを差別的に扱って人間関係から切り離すいじめです。これは上の２つに比べれば，より隠微で，はっきりと指摘しにくいものです。加害者が言い逃れしやすいものとも言えます。

たとえば以下のようなものが挙げられます。その人にだけ挨拶をしない。その人だけ指導をしない。ゼミなどでその人が発言しているときだけ，ひそひそ話をする。その人の意見を採用しない。その人にだけ研究上大切な情報を流さない。その人の発言にだけ，いつも批判的なコメントをする。その人にだけいつも雑用を言いつける。研究室メンバーに「あいつとは関わるな」と言う。

(4) 不作為によるいじめ

積極的に攻撃的なことをされるいじめではなく，与えられて然るべきことが与えられないといういじめです。たとえば，正当な理由なく，指導をしない，論文を受理しない。レポートを読まない，課題を与えない，メールに返信しない。面談などの約束を守らない，などです。

不作為によるいじめは，実際のところ，上の差別的行為によるいじめと重なることが多いかと思います。もちろん，教員が，差別なく学生全員に不作為によるいじめをするということもありえます。このいじめもまた何かを明確に積極的にするいじめではないので，証拠立てることが難しいことがしばしばあります。

(5) 不必要なことの強要

その人が本来何らする必要のないことを，しなければならないことだと主張し，無理強いするいじめです。言い換えれば，人の行為の自由を奪ういじめ，あるいは行為の自由度を狭めるいじめとも言えます。

たとえば以下のようなものです。研究の進め方について，合理的な範囲を超えて，こうでなくてはいけないと特定の狭いやり方を押しつける。徹夜で実験するよう強く求める。経理上ないし研究上の不正行為をするよう強要する。宴会などへの出席を強いる。教員の私的な用務を無理矢理言いつける。土下座させる。正当な理由なしに，授業に出席してはいけないと命令する。

(6) 過大な要求

教員がパフォーマンスが上がらない学生に「1か月毎日徹夜すればできる！」と怒鳴るような場合，確かにその通りなのかもしれませんが，不合理で過大な要求をしていると言えるでしょう。

ここで長時間の研究活動の強要について少し説明しておきましょう。理系の実験系の大学院においては，長時間の研究活動が常態化している研究室もあり，重大な問題だからです。

労働者に関しては，労働基準法の定めにより，長時間労働を強いることは許されていません。厚生労働省のホームページによれば，1週間当たり40時間を超えて労働させた場合，その超えた時間が月45時間を超えて長くなるほど，業務と脳・心臓疾患の発症との関連性が強まるとの医学的知見が得られており，過重労働による健康障害を予防することは事業者の責任とされています[4]。

学生は労働者ではないのでこの法律は関係ないと考えている方もいるかもしれません。しかし，学生が長時間にわたって過重な研究活動を強いられ，心身の健康を損なったとして訴訟になった場合，労働者の場合と同じ基準で判断されます。もちろん，学生が自らの知的好奇心で，長時間，研究活動に携わることには問題はないのですが，その場合でも指導教員には学生の健康に配慮する責任があります。教員には，学生が長期にわたって長時間の研究活動に従事していないか注意していて，そうした学生がいれば適切に休養を取る

4：厚生労働省は，「脳・心臓疾患の労災認定」や「精神障害の労災認定」などにおいて，長時間労働が心身の障害をもたらしたと判断するための基準を挙げています。詳しいことはそれらの資料を参照のこと。

よう指導する必要があります。

(7) 過小な要求

学生の能力や経験に照らして不合理なまでに極端に低い課題を与えて自尊心を傷つけるいじめです。少なくとも他の学生と比べて能力や経験が劣るわけではない学生に，ずっと研究室の掃除だけをするように指示する，資料のコピーだけを延々とさせる，などです。

(8) 妨害

その人の合理的で正当な活動を妨害するいじめです。

たとえば，実験ノートを捨てる，実験データをパソコンから消去するなどにより研究活動を妨害する。企業の採用面接に行けなくなるような仕方で実験作業の遂行を求めることで就職活動を妨害する。研究の幅を広げるために他の研究室の教員と交流しようとすると妨害する。研究室のことを外部に口外することはよくないと強く示唆し，ハラスメントの相談窓口に相談に行くことを妨害する。権力を不当に行使して昇進を妨害する。

(9) プライバシーの侵害

私的なことに過度に立ち入って，プライバシーを侵害するいじめです。個人の宗教についてしつこく尋ね，批判する。しつこく結婚を勧める。学生が旅行に行くと話したときに「誰とどこへ行くのか，宿泊先はどこか」などと執拗に問う。

このプライバシー感覚に関しては，教員と学生の間に，かなりの世代間ギャップがあるように思います。現在の教員が学生だった頃には，同級生の誰と誰とがつきあっているとか，この人は最近，失恋した，などといった情報を親しい教員に話すことは，話題にされた学生からすれば不快ではあったかもしれませんが，それほど真剣に苦情を言うような事態とは捉えられないことが普通であったように思います。しかし最近の学生の多くはもっと敏感です。恋人ができたとか，失恋したとかいう，きわめてプライベートな重要情報を，たとえ相手が親しい教員であろうとも，友人が勝手に暴露すれば，それはマナー違反であり，程度によってはハラスメントになると考えます。教員の側が詮索することも同じです。教員からすれば親しさの表現と思えるような個人的領域への踏み込みが，マナー違反であり，ハラスメントであると見なされてしまいます。

ハラスメントに関わる各種の調査では，アカデミック・ハラスメントについても，セクシュアル・ハラスメントについても，このプライバシーの侵害と関連した問題がたくさん出てきます。それだけ，今，日常的に生じやすい問題なのだと言えるでしょう。

以上，8種類に分類して説明してきました。これらは，よく見られるものを大まかに分類したにすぎません。すべてが網羅されているわけでもありません。実際にはこれらのどれにもぴったり当てはまらない場合もあるでしょう。複数の分類にまたがる場合も多いです。いずれにせよ，研究上の権力を不当に用いて弱者をいじめるのがアカデミック・ハラスメントです。

3 パワー・ハラスメント

パワー・ハラスメントは，職場における力の差を背景としたいじめです。大学も，教職員にとっては職場ですから，パワー・ハラスメントの舞台となることがあります。同種のいじめの行為が，教員－学生間で行われればアカハラと呼ばれ，上司－部下の間で行われればパワハラと呼ばれます。もちろん,「大学教育」の文脈と「大学という職場」という文脈とでは性質が違っている面がありますから,ハラスメントの内容や性質もそれを反映して違っているところはあります。

ちなみに,厚生労働省の「明るい職場応援団」のホームページでは,パワー・ハラスメントは「同じ職場で働く者に対して,職務上の地位や人間関係などの職場内の優位性を背景に,業務の適正な範囲を超えて,精神的・身体的苦痛を与える又は職場環境を悪化させる行為」だと定義されています。

授業料を納めて教育を受けている学生の場合とは異なり,職員は給料をもらって仕事をしている立場です。あくまで仕事ですから,上司から嫌な仕事を命じられることもあるでしょうし,重大なミスをすれば厳しい指導がなされることもあるでしょう。業務上の合理性があり,適切な範囲であれば,たとえ不快なもの,厳しいものであってもハラスメントだとは言えません。

パワハラは,上司から部下,正職員から非正職員など,職務上の立場の強い者から弱い者に対して行われることが多いですが,職務上の立場が下の者が加害者になることもないわけではありません。たとえば,パソコンのできない上司がパソコンの得意な部下からいじめられるといった場合です。

教員の中には,職員に対して微妙な差別意識を持っている人もいるようです。ある大学で,教員が書いた書類を職員が手直ししたとき,その教員は「職員のくせに生意気だ」と激怒し,「詫び状を書け」と迫ったそうです。このような場合をパワハラと呼ぶのか,アカハラと呼ぶのかは,言葉の定義の問題になってきますが,どう呼ぶにせよ大学という職場ならではのハラスメントだと思います。

3章　大学という場におけるハラスメント

大学は，学校ではありますが，小・中・高等学校とも，また専門学校や各種学校などとも異なった性格を持っています。また，大学は，研究・教育機関として，一般の職場とも違った性質を持っています。こうした大学という場に特有の性質は，ハラスメントとどのように関係しているのでしょうか。3章では，大学という場に特有の性質と，ハラスメントとの関わりについて考えてみます。

1　近年の大学の状況とハラスメント

2012（平成24）年，国は大学改革実行プランを発表し，少子高齢化，グローバル化，新興国の台頭による競争激化などで激しく変化する社会に対応し，大学の機能を迅速かつ強力に再構築するという方針を打ち出しました。2013年には国立大学改革プランを発表し，国立大学に対して改革への取り組みを強く求めています。

こうした大学改革は，大学の財政面にも及ぶもので，大学は積極的な経営と多元的な資金調達を求められています。大学関係予算の戦略的配分だとか，メリハリのある私学助成などという言葉をよく目にするようになりました。つまりは，積極的に改革を推し進めている大学に対して重点的に予算配分が行われるというわけです。

大学には外部資金ないし競争的資金を獲得する努力がますます求められるようになりました。産官学の連携が推進され，企業の資金援助を受けた年限つきの研究プロジェクトが，大学における研究のかなりの部分を占めるようになりました。

こうした状況は，大学教員に短期的に目に見える成果を上げるよう，プレッシャーをかけています。また外部資金は社会的に実益のある研究でなければ獲得しにくいものですから，必ずしも直ちに役立つことを目指しているわけではない文系の多くの学問分野や理系の基礎研究の分野では，研究資金が不足がちになっています。場合によっては，学生に対する基本的な指導のために必要な資金でさえ足りなくなるという事態まで生じています。外部資金が潤沢な分野でも，期限内に顕著な成果を上げなければ，資金が打ち切られてしまう可能性が常にあります。こうした状況は，大学教員に大きなストレスを与えています。

各種の調査によれば，パワー・ハラスメントは，「残業が多く，休みが取り難い」職場，「上司と部下のコミュニケーションが少ない」職場，「失敗が許されない，あるいは失敗への許容度が低い」職場で生じやすいという結果が得られています[5]。現在の大学の状況は，10年，20年前と比較して，教職員は忙しく余裕がありませんし，学生とゆったりコミュニケーションを取る時間は減少しています。成果を出すよう駆り立てるプレッシャーも増しています。ここ数十年，大学環境は，全体として，ハラスメントが生じやすい環境になってきていると思います。

また，それに加えて，ただでさえ一筋縄ではいきにくいハラスメントの問題をさらに複雑にさせる環境も新たに出現してきています。というのは，上述のような状況を反映して，近年では複数の大学にわたる合同チームで研究プロジェクトに取り組むことが増えてきたからです。こうした研究の場面でハラスメントが生じた場合，どこ

5：厚生労働省（2012）職場のパワーハラスメントに関する実態調査報告書

でそれを扱うべきなのか，判断が難しい場合も出てきます。

便宜上，研究チームの個々人はプロジェクトに関わるいずれかの大学に雇用されているとしても，大学をまたがった研究チームの中で起きたハラスメントを，それぞれの大学で扱うことにはさまざまな困難があり，それぞれの大学のハラスメント防止規程での対応には限界があるように思えます。場合によっては，その分野の学会の倫理委員会で扱ってもらった方がよいかもしれません。

このように，大学におけるハラスメント問題を考えるとき，大学を取り巻くこうした近年の状況が大きく関わってくるのです。

2　大学におけるハラスメントの実態

実際のところ，ハラスメントはどれくらいあるのでしょうか？　いったいどのくらいの学生がハラスメントを受けたと感じていると思いますか？　その実態はどのように明らかにされてきたのでしょうか？　残念ながら，ハラスメントの実態調査はあまり幅広く積極的になされてきたわけではありません。

現在までに大学においてなされた最も信頼できる調査は広島大学のものです[6]。広島大学はすべての大学院生を対象に，2003年と2013年の2度にわたって調査を行いました。多くの大学がこうした調査の必要性を認識しながらもなかなか実行できないでいる中，これらの調査を実行した広島大学には敬意を表したいと思います。ここではその主要な結果をごく簡単に見てみることにしましょう。

セクシュアル・ハラスメントについては，2003年の調査では全

6：広島大学「大学院生の研究環境に関するアンケート調査」実行委員会（2003）大学院生の研究環境に関するアンケート調査　結果の概要；広島大学ハラスメント相談室（2014）大学院生の教育・研究環境に関するアンケート調査報告書

大学院生の29％が，2013年の調査では全大学院生の18％が，セクシュアル・ハラスメントを受けたことがあると答えています。この10年の間に，セクシュアル・ハラスメントについては被害体験がかなり減少していることが印象的です。

一方，アカデミック・ハラスメントについては，2003年調査によると，アカデミック・ハラスメントを受けたことがあると答えたのは，全大学院生の43％でした。そして10年後の2013年の調査では，アカデミック・ハラスメントを受けたことがあると答えた人は48％でした。セクシュアル・ハラスメントとは異なり，アカデミック・ハラスメントに関しては，この10年間で減少することはなく，むしろ少し増えています。いずれにせよ，おおよそ4割から半分近くに上る大学院生がアカデミック・ハラスメントを受けたことがあると感じている実態が明らかになったわけです。

教員の側では，自分の担当している大学院生の5～6人に1人がセクシュアル・ハラスメントを受けたことがあると感じており，半分近くがアカデミック・ハラスメントを受けたことがあると感じているとは，おそらく，想像もしていないでしょう。もちろんこれは学生の側がそう感じているということであって，それが実際にハラスメントと判断されるものであるかどうかはわかりません。しかしながら，それを踏まえた上で，学生と教員との間にはおそらく感覚上の大きなギャップがあるのではないかと思います。そのことが問題です。

同じ2013年調査で，頻度の高かったセクシュアル・ハラスメントの上位10項目と，最も嫌だったアカデミック・ハラスメントの上位10項目を挙げておきます（表3-1，表3-2）。ここに挙げられているのも，やはり学生の側が不快を感じたという報告であって，これらがすべて実際にハラスメントであったと判断されるものではあ

表 3-1　頻度の高いセクハラ体験

順位	内容
1位	私生活の詮索
2位	年齢・容姿・服装の話題
3位	性的な話題を聞かされた
4位	飲み会でのお酌等の強要
5位	性体験の話題
6位	飲み会での下品な行為
7位	女のくせに／男のくせに
8位	性別による指導上の差別
9位	交際の要求，ストーキング
10位	身体への接触，抱きつき，キス

広島大学ハラスメント相談室（2014）

表 3-2　最も不快だったアカハラ体験

順位	内容
1位	不十分な指導
2位	指示内容を忘れたり，頻繁に変える
3位	私生活への干渉
4位	こなしきれない作業課題
5位	嘲笑・罵声・非難・叱責
6位	他の教員の悪口
7位	学業等の不当な評価
8位	事実無根のうわさ
9位	長時間問い詰め，拘束
10位	机を叩く，物を投げる，大声で怒鳴る

広島大学ハラスメント相談室（2014）

りません。それでもなお，これらの表から，教員サイドが注意すべきポイントが見えてくると思います。

3 大学人の欲望

大学という場において生じるハラスメントについてさらに考えてみましょう。

大学という場は，教育と研究の場，学問と科学を追究する場です。大学は現代社会における知の最前線であり，有識者とか知識人とか言われるような人たちが集っている場所です。大学人とは，いわば，エリート集団なのです。ですから，大学という場で生じるモラル違反に対しては，他のさまざまな場において生じるモラル違反に対して以上に，社会から厳しい目が注がれます。

現実には，大学の教員の採用人事において最も重視されるのは，まず研究業績でしょう。けれども，研究能力の高さが教育能力の高さを保証するわけではありません。また，いわゆる人格者であることを保証するわけでもありません。むしろ，研究能力が高い人の中には，周囲がついていけないほど常識が欠如していたり，常識に耳を貸さなかったりする人が存在します。周囲の人があきれるほどに，特定の事柄に対して並外れた好奇心を示す人が存在します。倒れてしまうのではないかと周囲が心配するほど一心不乱に努力する人が存在します。つまり，研究能力と，常識や良識とは，簡単に両立するものではないということなのです。有識者とか知識人とかいった言葉から連想されるイメージと，現実の大学人との間にはかなりのギャップがあると言えるでしょう。

世間一般の人たちは，科学者や学者を，知的で冷静な人物や物静かで思慮深い人物としてイメージするかもしれませんが，現実の科学者や学者はもっと多様で人間くさい人たちです。むしろ，科学的な真実を知りたい，新しい学問的な地平を切り拓きたいという欲望が人一倍強い人たちの集まりです。ひとつ間違えば，科学や学問の発展のためには人を傷つけてもいいという思想にすら傾きかねない，あるいは，人を傷つけるきわめて明白な可能性さえ見えなくなってしまう，危険な人たちでもあるのです。

ちなみに，このことに関して宇宙物理学者の佐藤文隆氏はすがすがしいほど率直にこう語っています。「原爆をつくったりすることが，科学者にはわくわくすることなんですよ。だけど科学者の根性が悪いから原爆を作ったのではないと思う。オッペンハイマーを先頭に，ロスアラモスで原爆開発に没頭した科学者たちは，あの時代が人生で一番楽しかったといっている。ぼくにはよくわかるんだ，それが。おそらくぼくだって，率先して行ったと思うね」[7]。

そこにあるのは，よく言えば，科学的・学問的情熱です。悪く言えば，世間知らずの専門バカの視野狭窄した暴走です。それと同じものが最も粗暴な形で直接的に噴出したものがアカデミック・ハラスメントだと言えるかもしれません。

事情を知らない人からすれば，東大や京大の先生が学生を殴ったり口汚くののしったりしたなどと聞けば，「ノーベル賞受賞者を生み出すほどの一流大学の先生が，そんな野蛮ないじめを？」と驚かれるかもしれません。しかし，ノーベル賞受賞者を生み出すほどの大学の教員だからこそ，知的好奇心の欲深さも並ではなく，それが恐ろしいのです。

もちろん，もっと俗っぽい欲望もあります。新しい発見，新しい学説などには，地位や名誉や名声が結びついています。新しい発見

7：佐藤文隆・艸場よしみ（2013）『科学にすがるな！：宇宙と死をめぐる特別授業』　岩波書店

や新しい学説には，その金額はともかく，何らかの経済的な利益が絡んでいることも多いでしょう。研究者の世界も厳しくなってきていますから，研究業績を上げないと雇用契約が打ち切られる（つまりクビになる）ということもありえます。研究業績が上がらなければ新たに研究資金が獲得できなくなるということもありえます。こうした欲望が，人をハラスメントへと駆り立てる原動力になることもあるのです。

しかし，だからこそ，大学という場におけるいじめと暴力について，特別に深く考えておく必要があると私は思います。大学という場が，世間の常識や良識を疑い，現在の定説を疑い，新しい知を生み出す創造的な場として健全に機能するためには，そこに安全性が保証されている必要があるからです。

創造性は両刃の剣です。とても有用なものともなりえると同時に，人を傷つけるものともなりえます。いじめと暴力，すなわちハラスメントについて深く考え抜いた人にこそ，その剣を使いこなす資格があると言えるのかもしれません。

4 大学教員の学問的権威

大学という場に特有の事情を背景としたいじめや暴力は，アカデミック・ハラスメントと呼ばれています。大学は教育の場ですが，同時に研究の場でもあり，そこには大学ならではのいじめや暴力をもたらす固有の事情があります。

大学の教員には学問の権威を背景とした権力があります。学習指導要領によって修得すべき内容が細かく定められ，検定された教科書を用いて教えることが義務づけられている小学校，中学校，高等学校とは違い，大学の授業の内容は，かなりの程度まで，教員に任されています。たとえば，「心理学概論」「法学概論」「英文学概論」などの文系の科目で実際にどんな内容が教えられているかは，それを担当する教員によってかなりまちまちだと思います。「物理学概論」「微積分学」「生物学概論」などの理系の基礎科目の場合，扱っている事柄の性質上，内容の均一性は高いように思えますが，それにしても教員によって具体的な内容の詳細や扱う範囲はかなり違っているのが実情です。つまり大学教員には，授業の内容を自分で決める裁量が，かなりの程度に委ねられているのです。

というのも，大学は研究の場です。大学の教員は，基本的に，すでに答えが出た，正解のある内容を教えることだけを目指しているわけではありません。答えのない領域を探究するのが大学の使命です。たとえば心理学概論とは何かということ自体が，議論の余地のある問題であり，定まったものではないのです。ですから，心理学概論で何を教えるかは，その教員の学問的権威に委ねられているのです。

学生にとって，こうした教員の学問的権威は，最終的には成績評価を左右する権限として現れてきます。もちろん，小学校，中学校，高校でも，先生には生徒の成績を評価する権限があるでしょう。しかし，高校までは，教えるべき内容が公的に細かく定められていますし，誰から見ても正解のある試験で理解度を調べて成績を評価することが可能です。実際，おおむねそのような仕方で評価されています。ですので，不服があれば，答案用紙の自分の答えを示しながら，どうしてこれが正答ではないのかと教員に問いただしていくことも容易です。そのようなわけで，高校までの成績評価は，比較的，手続きの透明性が高いものとなりやすいでしょう。

しかし，大学では，授業の内容だけでなく，成績の評価の仕方までもが教員それぞれに委ねられています。論述式の試験などでは，成績評価の基準は，たとえ詳しく説明されたとしても，すっきりとはわかりにくいと思います。教員の側からすると，できるだけ客観的に公平にと心がけて採点するわけですが，教える内容も自分で決め，問題も自分で決め，成績評価の方法も自分で決め，集まった答案を自分ひとりで採点するのですから，どこか独善的になってしまっている危険性は常にありえるでしょう。

この状況は，言い方は悪いかもしれませんが，極端に言えば，学生を生かすも殺すも，教員次第という状況だとも言えるのではないでしょうか。それだけ大学教員の権限は大きく，その責任も重いということです。それは大学教員が学問を探究しており，学問の権威を背負っているという事情によります。

しかも，教員のやっている研究は，その教員にしかできない研究だったりすることもよくあります。だから，そう簡単に取り替えがきかないのです。そのため，学生の側からすると，大学を卒業するには，あるいは，自分のやりたい学問を追究するには，その教員の言うことを聞くしかないということにもなりやすいのです。

もちろん，大学は科学と学問を追究する場であり，大学人は科学者ないし学者の集団ですから，授業の内容にしても，成績評価の方法にしても，ほとんどの教員はできるだけ教育的に，合理的に行う努力をしています。ですから，たいていの場合は問題ないのです。けれども，そのように問題なく運営されるためには，大学教員に高い理想と高い倫理意識が涵養されていることが前提条件です。もし万一，この前提条件が守られず，問題が起きてしまった場合には，上述のような事情ゆえに，その問題は歯止めなくエスカレートしてしまいやすいのです。

5 学生間のハラスメント

大学におけるハラスメントと言うと，たいていの人がまず思い浮かべるのは学生が被害者であり，教員が加害者であるハラスメントでしょう。しかし，大学におけるハラスメントはそれだけではありません。学生から教員へのハラスメントもあります。学生が教員にハラスメントをすることなどありえないと思っている人もいるかもしれませんが，学生が教員を殴ったり，脅したり，学生が教員の身体に性的な接触をしたり，などのケースはあります。

教員同士のハラスメントもあります。教員と職員との間でのハラスメントもあります。また，大学の構成員が大学外の誰かにハラスメントをすることもありえますし，その逆もありえます。

このように，大学のハラスメント相談窓口には，典型的な学生と教員間のハラスメントのみならず，あらゆるカテゴリーの関係者間のハラスメント問題が持ち込まれます。ここでは，その中でも，学生同士のハラスメントを取り上げてみたいと思います。

学生間の人間関係のトラブルが，さまざまな形でハラスメントとして問題化することはしばしばあります。たとえば，同じ研究室に所属する学生同士，あるいは同じ授業を履修している学生同士など，学業・研究の場面でハラスメントが生じることがあります。そこには教員と学生との間にあるような制度的な権力関係は存在しないわけですが，それでも多種多様なハラスメントが生じえます。その意味で，こうしたハラスメントは，中高生のいじめの延長線上のものだと言えるでしょう。ただ大学生・大学院生というほぼ大人の年齢層であること，大学という自由度の高い環境であることなどの要因ゆえに，違っているところもかなりあります。

部活動やサークル活動においても，しばしばハラスメントの問題が生じます。チームでのスポーツや，グループでの演奏や演技などで，熱心に活動している団体ほど，ひとつ間違えば激しい対立が生じがちです。運営方針や練習方針の意見の違いから，メンバーがぶつかりあい，それがこじれていじめになることがあります。あるいは，その団体が求めるほどには活動に熱心でなかったり，辞めたがったりしているメンバーを集団でつるし上げるといったことも起きがちです。

学生同士でも，日常的に猥談をしたり，個人の容姿や異性関係や性体験に過度に踏み込んだ発言を繰り返したりすることで，環境型セクハラが生じることはあります。学生はその大半が性的に活発な年代であり，十分に性的衝動のコントロールができない場合，性加害やストーカーといった問題になることがあります。図書館やメディアセンターなどの不特定多数の学生が集まる場の窓口で，つきまとい行為の被害が訴えられることもあります。

さらには，どのような学生集団にもコンパや呑み会はつきものです。そこで飲酒を強要することは，アルコール・ハラスメントになります。

最近では，学生間のコミュニケーションにおいては，ツイッターやラインなどのソーシャル・メディアが重要になっているため，そうしたメディア上でのハラスメントも増えています。ソーシャル・メディア上での問題発言や言い争いから炎上する，特定の個人を集団でブロックしたり秘かに別のグループを形成したりして排除する，といったもめ事がよく起きます。

また，学生と言っても，大学院生になってくるとまた少し事情が変わってきます。たとえば，理系の研究室では，博士課程の学生が，修士課程や学部４回生の学生の研究の面倒を見るシステムになっているところがよくあります。もちろん，重要なことがらは教員が指導するのですが，日々の細々した研究のサポートは先輩院生に任されていることがよくあるのです。こうしたシステムの下で，学生同士の関係がうまくいかないとき，博士課程の院生の言動が，後輩の学生に対するハラスメントになる場合があります。

たとえば，博士課程の学生が，後輩学生が何か助けを求めて質問してきてもまともな答えを返さず，事実上，面倒を見ることを放棄してしまう。さらには，実験機器の操作について訊かれても無視する，挨拶されても返さない，研究室の他の学生にもその学生と関わらないように強いる，などです。

博士課程の学生が，研究は他のすべてに優先されるべきだという研究至上主義の価値観を持っており，後輩学生が研究しながらもバランス良く生活をエンジョイしたいという価値観を持っている場合，両者の間には緊張関係が生じがちです。博士課程の学生は，「血へどを吐くくらいまで研究しないといけない」「研究室に入ったからには，盆も正月もない」というような発言をして，後輩学生に長時間の研究を強いるかもしれません。就職活動のために研究が滞ることを非難し，連日，夜遅くまでの研究を強いることで，事実上，就職活動を妨げるかもしれません。

こうしたケースでは，博士課程の学生は「自分は教員ではないので，後輩の指導をする義務はありません」と言い訳しがちです。しかし，博士課程の学生は，教員ではなくとも後輩学生に対して圧倒的に優位な立場にありますから，こうした行為はハラスメントになるのです。

このような学生間のハラスメントについて，教職員はどのように対処すればいいでしょうか？　教職員には，単に自分がハラスメントをしないというだけでなく，ハラスメントを予防し，またハラスメントの訴えに対して適切な対応をする責任があります。とりわけ，教員には担当する学生に対して，学問上の指導だけでなく，ハラスメント予防の面でも指導する責任があります。学生間の問題だから，学生の自主的な解決に任せておけばいいというわけにはいかないのです。

20 世紀を通して青年期はますます長期化し，心理的・社会的に大人と見なされる年齢が高くなってきました。現在，多くの大学生は自分のことを「学生」ではなく「生徒」と呼び，「大学」のことを「学校」と呼んでいます。学生相談室にも親御さんからの相談が寄せられることは増えています。学生がスキャンダラスな事件を起こせば，マスメディアから「大学はどういう指導をしていたのか」と監督責任を問われることは当たり前になっています。

教職員はこうした現状をよく認識し，日頃から学生に対してハラスメントについての予防・啓発に努めるとともに，訴えがあれば相談に乗る必要があります。

6 教員間のハラスメント

大学におけるハラスメントの中でも，最も厄介なものが教員間のハラスメントでしょう。大学教員はプライドが高く，また知的な人たちです。ハラスメントの問題が持ち上がったとき，そう簡単に「ごめんなさい，悪かった」というふうにはいかないことが多いです。その上，ハラスメントが生じる文脈の専門性が非常に高いために，専門外の人間にはよくわからないことも多いです。研究活動を不当に妨害したとか，研究への寄与のあり方と論文の執筆者の順位が不釣り合いだとか，研究費の使い方の配分が不合理だとか，研究のアイデアを横取りされたとかいった訴えは，専門外の人間には判断がつきにくいところがあります。かといって，参考意見を聞ける相手は，被害を訴えている人や，加害者とされている人のいずれかと濃厚な利害関係にあることが大半であるのが普通です。その上，実際にハラスメントがあった場合，被害者と加害者とが接触しないように配慮することが必要なこともしばしばですが，加害者にせよ，被害者にせよ，教員を別の場所に異動させることはほぼ不可能であることが多いでしょう。

こうした意味で，教員同士のハラスメントはなかなか難しいことが多いのです。現状においては，この難問の解決は，教員の良識に委ねられている部分が大きいと言えるでしょう。教員のハラスメント問題についての理解と対応力を高めていくことで，教員が主体的に解決していくことが必要なのです。さもなければ，大学内において教員同士で多大な労力を浪費した挙げ句，結局は司法の手に委ねることになってしまいます。

7 アカデミック・ハラスメントと研究上の不正

アカデミック・ハラスメントは，必ずしも，研究に伴う人間関係の問題にとどまるわけではありません。場合によっては，研究そのものに影響を及ぼし，研究上の不正（データの改ざんや捏造）と結びつくケースもあります。

指導教員が，学生が持ってきたデータを見て，「こんなデータじゃダメだ」「どうしてこんなデータしか出てこないんだ」「もっといいデータを持ってこい」などと激しく要求し続けたらどうなるでしょうか？　しかも，なぜこのデータではダメなのか，どのような手続き上の工夫や修正をするべきなのか，といった点に関する指導を一切せずに，上のようなことを言い続けたらどうなるでしょう？

それに加えて，指導教員が学生に，こんなデータしか出せないお前は「使えない奴だ」「無能だ」「研究なんて辞めてしまえ」などといった人格攻撃や非難をするとしたら，どうなるでしょうか？

こうした状況下で，学生が，指導教員が喜びそうなデータだけを選別して報告したり，データを改ざんしたり，データを捏造したりするようになったとしても，驚くことではありません。

このような場合，指導教員は直接的に研究上の不正行為を指示したわけではありませんが，学生が研究上の不正行為に手を染めざるをえないような環境を作り出すことによって，間接的にではあっても強力な影響力を持って，研究上の不正行為をもたらしているのです。

本来，研究の場には，率直でオープンな議論こそがふさわしいはずです。ハラスメントの予防にとっても率直でオープンな議論は役立ちます。生産的な研究環境の促進とハラスメントの予防の2つは，決して相対立するものではなく，研究室運営の両輪となるべきものだと言えるでしょう。

4章　ハラスメントについてのさらなる考察

この章では，ハラスメントについて，さらにさまざまな面から考察していきます。これまでの章よりも踏み込んだ内容を扱います。あまり系統的な考察ではありませんが，さまざまな面から考えていくことによって，総合的にハラスメントについての理解が深まればと思います。

1　ハラスメントを根絶？

しばしば，「ハラスメントを根絶しよう」とか，「ハラスメントをゼロに」とかいったスローガンを目にします。しかしこのような威勢のいいスローガンは実現不可能であるばかりか，かえって有害に働きかねない危険なものだと思います。

というのも，ハラスメントは，グレーゾーンから始まり，時間をかけてエスカレートしていくことが多いからです。そしてそのグレーゾーンのものに関しては，防ぎようがないからです。腹が立ってついきつい口調になってしまったとか，勘違いから冷たく当たってしまったとか，ジェネレーションギャップから相手からすると侵入的と受け取られるような問いかけをしてしまったとか。こういうことは，人間社会においては避けようのないことです。もしこういうちょっとした行き違いやぶつかり合いを完全に避けようとすれば，人間関係そのものを避けることになってしまうでしょう。豊かな人間関係とは，ときにいざこざや摩擦を含むものなのです。

こうしたちょっとしたハラスメント的な事態が，日常的な出来事として終わっていくか，やがて明確なハラスメントの事態へと発展していくかは，その出来事をお互いがどのように捉え，どのようにコミュニケーションをしていくかにかかっています。

つまり，ちょっとしたハラスメント的事態を日常的にありうるものと捉え，どう扱っていくかが重要なポイントなのです。ハラスメントをその根っこから完全になくそうとすることは，あらゆる小さな摩擦まで悪いもの，なくすべきものとする見方を誘導してしまいます。そのことは，ちょっとしたハラスメント的事態を重大な悪事にしてしまい，率直なコミュニケーションを困難にさせてしまうように働くのではないかと思います。被害を感じている人は言い出しにくくなり，加害をしている人は防衛的になりやすいでしょう。そのことは，結果的にハラスメントの事態をこじらせてしまいます。

われわれは誰しも相手がどんな過去を持っており，どんな文化を担っており，どんな生活環境にあるのか，すべて把握しているわけではありません。自分の言動がどう受け取られるのか，あらかじめ十分には見通せないのです。ハラスメント的な小さな摩擦は防ぎようがありません。それはコミュニケーションという冒険がもたらす不愉快な副産物です。その事態に対してお互いがうまく対処できないとき，それは繰り返されたり，エスカレートしたりしていくのです。

話し合ってもお互いすっきりとはいかないことも多いでしょう。専門的な知識や技術をしっかり身につけてもらおうと厳しく指導したつもりが，それを不当で不適切だと言われて，納得できないこともあるでしょう。研究室内での先輩からのセクハラ的関わりについて，教授から注意してもらって事態が終息したとしても，その後の関係がぎすぎすすることもあるでしょう。友達が指導教員からハラスメントを受けていると感じ，そのことをはっきりと問題として取り上げる発言をしたら，当の友達から迷惑がられてしまうこともあるかもしれません。

話し合いさえすれば，いつも理解し合えるとは限りません。人間はそれぞれ異なった背景を持ち，異なった未来へ向かって歩んでいく存在です。常に100％調和的な理解が得られるわけではありません。それは人間に課せられた前提条件であり，避けようがないことです。それ自体はハラスメントではありません。

また，多くの人は，ハラスメントの単純明確な規準を求めます。具体的に何をしたらハラスメントで，何をするのはハラスメントではないのか，白黒をはっきりつけて欲しいと願います。けれどもこれは無理な注文です。

倫理的ジレンマという言葉があります。倫理的な要請にはいろいろなものがあり，それぞれ単独で見ればシンプルに見えるとしても，これらの倫理的要請はしばしば互いにぶつかり合います。たとえば学生の自己決定を尊重すべきだという要請と，学生の将来を見据えてしっかりと知識や技術を身につけさせるべきだという要請とはしばしばぶつかります。表現の自由が保障されるべきだという要請と，人を傷つけたり不快にさせたりするような表現は差し止められるべきだという要請もしばしばぶつかります。

こうした場合，どちらを選んだとしても，倫理的に疑問がある事態が発生してしまいます。かといって，どちらも選ばずに，判断を先延ばしにすることもまた，倫理的に疑問がある事態を生じさせてしまうでしょう。個々の問題よりも，それを取り巻く大きな文脈を見て，何を優先させるかを判断していかなければなりません。具体的な行為それ自体だけをとって，非倫理的である（ハラスメントである）とか，そうではないとか，言うことはできないのです。

ですから，しばしばわれわれは心地の悪さとともに，こうした倫理的ジレンマを抱えていかなければなりません。単純なルールを決めて白黒つけてしまえば，とりあえずはすっきりするかもしれませんが，それは倫理的な思考の手抜きであって，モラルの低下を招くだけです。

2 性的欲求や性別の区別そのものは悪ではない

セクシュアル・ハラスメントについて，もう少し踏み込んだ考察をしていきましょう。

セクシュアル・ハラスメントには，性（性欲）にまつわるセクハラと，ジェンダー（性別役割）にまつわるセクハラとが含まれています。特に後者を区別する場合には，ジェンダー・ハラスメントと呼ぶこともあります。

注意を喚起しておきたいことは，性欲にせよ，性別の区別にせよ，それら自体が丸ごと悪いとか，おかしいとか，不合理であるとかいうものでは必ずしもないということです。人間にとって，性欲という欲求があること自体は健康なことですし，性別の区別があり，その区別に基づく何らかの役割期待や規範があることも，それ自体は文化の一部だと言えるでしょう。もちろん，性欲の表現の仕方の中には病的で破壊的なものがありますし，性をめぐる文化の中にも不合理で差別的なものがあります[8]。しかし，だからと言って，性欲そのもの，文化そのものを丸ごと否定するのは，不毛なことです。むしろ必要なのは，健康的で互いを満たし合うような性的コミュニケーションを模索していくことでしょうし，常に時代に見合った新

8：LGBT（レズビアン，ゲイ，バイセクシュアル，トランスジェンダー）をはじめとする性的マイノリティへの差別の問題もここに含まれます。

しい性別役割を含んだ文化を構築していくことでしょう。

つまり，セクシュアル・ハラスメントは，必ずしも問題とされている言動に含まれる性欲や性役割そのものが悪いからハラスメントになるわけではなく，それらを不適切な文脈に持ち込むから，あるいは，不適切ないし不合理なやり方で持ち込むからハラスメントとなることが多いということです。そこがしばしばセクシュアル・ハラスメントのわかりにくいところです。

人間は知的存在であると同時に，身体的存在，感情的存在，性的存在でもあります。知的な作業に取り組んでいる場面においても，他の側面が消えてなくなるわけではなく，ただ背景に退いているだけです。知的な作業に取り組んでいるからといって，性的存在であることをやめることはできませんし，それは常に何らかの形で表現されているものです。

そしてその表現のされ方は，非常に微妙なもので，人格の他の側面と相互作用し，他の側面と絡まり合っています。その表れ方の微妙な個性は，意識的に直接に制御できるようなものではありません。

たとえば，若い男性の教員であるA先生はけっこう気楽に女子学生の手や肩に触れるのに，セクハラだと言われたことがない。その一方で，やはり同年代の男性教員のB先生は，物理的な身体接触はA先生より少ないぐらいなのに，しばしば女子学生から「あの先生はセクハラっぽいよね」と噂されてしまう。こういうこともありうることです。

おそらく，A先生の身体接触は，自然で心地よく，強いるところもないし，脅かすこともないものなのでしょう。B先生の身体接触は，何かぎこちなく，不快感を与えるものなのでしょう。B先生にはそのつもりはなくとも，女子学生の側からすると，強いられている感じ，迫られている感じがするのかもしれません。

A先生の身体接触とB先生の身体接触とはどこが違うのでしょうか？　その違いは，物理的な身体接触の量や強度の違いというよりも，身体接触に伴う，表情，視線，声のトーン，そしてまたそのタイミング，全体の円滑さ，などなどの微妙な調整によって生じてくるものと思われます。これは，言語的なコミュニケーションだけでなく，ボディ・ランゲージとも呼ばれる，非言語的なコミュニケーションをも含めた対人コミュニケーションの複合的で総合的なプロセスに関わる問題です。これは非常に微妙なものであって，たいてい本人も自覚してさえいないでしょう。もしかすると，B先生は，単に女性に不慣れなだけかもしれません。あるいは，何か女性と性的に接触することに強く惹きつけられながらも，同時にどこかで潜在的に怖れを抱いているのかもしれません。こうした領域にぎこちなさをもたらしている要因に対して気づきを深め，そこに円滑さをもたらすことは，それこそ，心理援助の領域に関わる問題だと言えるでしょう。

B先生の身体接触が女子学生から不快だ，セクハラだとされるのであれば，B先生は身体接触を控えるべきでしょう。B先生は「A先生も同じことをしているのに，どうして自分だけが」と思うかもしれませんが，それは仕方がないことです。けれどもここで強調しておきたいのは，B先生の性的欲求そのものは，何ら悪いものではないということです。B先生の性的欲求そのものは，倫理的に「悪」ではありませんし，ましてや「キモイ」ものなどではありません。

3 加害者，被害者に個人的な特徴はあるのか？

ハラスメントの加害者になりやすい人，被害者になりやすい人というのはあるのでしょうか？　言い換えると，加害者，被害者になりやすいハイリスク要因というのはあるのでしょうか？

世間では，「いじめっ子」や「いじめられっ子」には，何らかの特徴的な性格傾向があると考えている人がしばしばいるようです。しかし，私が調べてみた限りでは，そうした言説を裏づける確かな根拠は見当たりませんでした。

もう30年以上前になりますが，文部省が1984年にまとめた「児童の友人関係をめぐる指導上の諸問題」では，加害者の性格特徴として「活発，落ちつきがない，いたずら好き，生活態度にけじめがない，忘れ物が目立つ，行動が雑，無神経，自分の判断や感情のままに行動する，相手の気持ちを思いやれない，誠意がない」といった記述がなされています。また，被害者の性格特徴としては「わがまま，依存性が強い，小心で過敏，自己顕示欲が強い，反抗しやすい，劣等感が強い，萎縮している」といった記述がなされています[9]。

しかしながら，その後の研究は，こうした特徴的な性格傾向の存在を裏づけるよりも，むしろ否定する方向に進んできています。滝（1992）は，いじめを生じさせる諸要因についての多くの研究を踏まえた上で，「加害経験者・被害経験者が示す心理的特徴については，従来の研究の指摘ほどには明確な傾向が見られない」と述べています。また，小・中学生を対象とした調査において，加害についても被害についても学年を超えた継続率が非常に低いことから，いじめが生じる原因を加害者・被害者の性格要因に帰する見方はきわめて根拠に乏しいと断じています[10]。

現代の洗練された文脈的なパーソナリティ理論もまた，特定の人格傾向を持った人がハラスメントの加害者や被害者になるという見

9：文部省（1984）児童の友人関係をめぐる指導上の諸問題
10：滝充（1992）“いじめ”行為の発生要因に関する実証的研究：質問紙法による追跡調査データを用いた諸仮説の整理と検証　『教育社会学研究』vol.50, 366-388.

方を否定しています。そもそも，個人の性格傾向を，環境的な文脈から独立して機能するものとして捉える見方は単純にすぎます。人の行動は環境的な文脈によってかなり変動します。環境を超えて一貫した性格特徴という常識的な概念は，通常思われているほど確かなものではないのです。そのことは，さまざまな実験によって明らかにされてきました。どのような環境であろうと一貫していじめをする人，一貫していじめられる人など，実際にはいないのです。個人の性格傾向は，その個人自身をも含めた状況の全体に反応して作用します。環境的文脈を離れて，加害者になりやすい性格や被害者になりやすい性格を一般化して論じることなどできないのです[11]。

ところで，中川（2015）は，大学において学生相談とハラスメント相談の両方に携わってきた経験を背景に，ハラスメントの悩みを含む対人関係の悩みやトラブルを訴えて来談した55人の相談を分析しています。彼女は，こうした悩みを訴えた相談のうち，複数のケースに共通して認められる背景要因を調べました。そして，以下の6つの背景要因を挙げています。すなわち,「専門分野の変更」「以前からの登学のしにくさ」「過去のハラスメント経験」「身近な人の死や闘病，事故・災害遭遇」「経済的困窮」「就職活動の失敗」です[12]。

中川が挙げている6つの背景要因のうち，「以前からの登学のしにくさ」を除く5つが，個人の内面的な性格傾向に関わるものではなく，いつ誰にでも生じうるような状況的なものであることが印象的です。「以前からの登学のしにくさ」にしても，単に状態像を示しているだけであり，純粋に内面的な性格傾向とは言えません。人

11：パーソナリティ研究をめぐるこうした理論的展開については，以下の文献を参照のこと。
ミッシェル・W（1968/1992）『パーソナリティの理論：状況主義的アプローチ』 誠信書房；
Wachtel, P. L. (2014) *Cyclical psychodynamics and the contexual self.* Routledge.

12：中川純子（2015）「研究室内での対人関係の悩み」が「ハラスメント」として立ち現れる局面についての考察 『京都大学学生総合支援センター紀要』vol.44, 29-38.

はさまざまな理由から登学しにくくなります。

つまりハラスメントの悩みをも含む対人関係の悩みやトラブルを訴える人の多くに共通するのは，人生におけるストレスフルな出来事（ストレスフル・ライフ・イベント）の経験なのです。中川は，ハラスメント被害をもたらす要因として，性格傾向のような個人の内面的でかなり固定的な要因よりも，たまたま個人に降りかかった不幸な（あるいは厄介な）出来事のような，現実的で変動的な環境要因の方に目を向ける必要性を示唆しているのです。

それらは，いったいどのようにしてハラスメントの被害をもたらすのでしょうか。あくまで推測ではありますが，そこには多元的で複合的な力の相互作用が働いているように思われます。ストレスフルな出来事に遭遇すると，人は元気がなくなり，仕事や学業などのパフォーマンスが低下しがちとなります。不注意なミスも増えるでしょう。また，その出来事への対処のために時間と労力を取られるので，その分，生活場面における通常の活動に割かれる時間と労力は減らざるをえません。生活場面の環境が，休みが取りにくかったり，コミュニケーションが乏しかったり，失敗への許容度が低かったりするものであれば，そこでその人と関わっている他者の中には，その人に対して否定的な反応を示す人が出てくるかもしれません[13]。ストレスがかかっていて元気がない人は，こうした他者の反応に対して，普段なら発揮できる対処能力を十分に発揮できないことも多いでしょう。また，元気がなく疲れた状態では，こうした事態を被害的に捉えがちになるかもしれません。

つまり，ある個人がストレスフルな出来事を経験したとき，その

13:前にも述べましたが，ハラスメントが生じやすい環境の代表的な特徴として「休みが取りにくい」「コミュニケーションが少ない」「失敗が許されない」が挙げられています。(厚生労働省（2012）職場のパワーハラスメントに関する実態調査報告書)

影響は，単にその出来事を経験した個人に留まらず，その個人が生活環境の中で関わっているさまざまな他者をも巻き込みながら展開していくのです。そこにおいては，ストレス反応という個人的な心身の反応，生活環境内の対人関係における相互の微妙な感情的反応，ストレスをもたらす出来事が生活にもたらす現実的で実際的な影響，などが相互作用しています。さらに，環境全体の余裕のなさの要因も関与します。これらの諸要因が複雑に絡まり合い，時間の進行とともにハラスメントの事態を引き起こす可能性を高めるのです。

私自身の相談経験からも，あらかじめ特定の性格傾向を備えた人が加害者や被害者になるという見方よりも，さまざまな出来事や状況の不幸な組み合わせによって，誰もが加害者にも被害者にもなりうるという見方の方が，ハラスメントの実態をよく説明するように思われます。

4 傍観者の有害性

ある個人によるセクハラそれ自体の害よりも，そのようなセクハラがありながら，その場において責任ある立場の人がそれに対して毅然とした態度を取らないことの害の方がはるかに大きいことがありうるということも指摘しておきたいと思います。

たとえば，学科全体の親睦会で，ある教員が女子学生を隣に座らせ，その子の身体を不必要に触っているとします。手や肩や腕を触り，太ももを触ります。そして腰に手を回したりもします。女子学生はそれを不快に思いながらも，何も言わず，黙って耐えています。そのとき，別の教員，とりわけその教員よりも職階上，上位にある教員が何もとがめないでいることは，学生をひどく失望させます。その学生だけでなく，その場にいて，その教員の行為をセクハラじゃないのかと不快に感じている多くの学生を失望させます。場合によっては，その学科の学生全体の志気を低下させる可能性さえあるでしょう。

ひとりの教員の加害は，被害学生にとって，その加害の内容が取り返しのつかないような大きな害でなければ，世の中には変な人もいるものだと自分を納得させて，前に進むこともまだ比較的しやすいとも言えるでしょう。けれども，コミュニティの多数のメンバーがその場にいながら，誰も助けてくれないという事態は，コミュニティに対する信頼を揺るがしてしまいます。そのことの方がはるかに重大な害をもたらすのです。そうした被害学生が，その後，情緒的に不安定な状態になってしまい，大学に出てこられなくなってしまうことがあります。そのとき，その責任はいったい誰にあるのでしょうか。

これは教員だけの問題ではありません。周りの学生，さらには，セクハラを受けている本人さえをも含めて，その場にいるすべての人が，その場でどう振る舞うかが問われているのです。セクハラの問題は，加害者と被害者だけの問題ではありません。それが生じた場に関わる全員の問題なのです。

これは，何もセクハラに限ったことではなく，アカハラ，パワハラにも共通して言えることです。ハラスメントという事態は，目撃者にも被害者自身にも，さらには加害者にも，勇気あるコミュニケーションを求めるチャレンジングな事態だとも言えます。

傍観者は第二の加害者だとまでは言いませんが，無関心な傍観者，あるいは関心は持ちながらも明確な行動も表現もしない傍観者の存在は，現実には加害者以上に事態の成り行きに重大な影響を与えます。そのコミュニティの多くのメンバーがハラスメント問題に関心を持ち，普段からそこに感受性が高ければ，そのことが見えざる集団圧力となって，重要なハラスメントの発生はかなり抑制されるはずです。また仮にハラスメントの問題が生じた場合でも，被害者は身近な誰かにサポートを求めやすくなります。このことは，早期のうちに解決に向けた動きが生じることを促進し，被害の拡大を防ぐでしょう。

ハラスメントは密室において生じやすいと言われますが，この密室は単に物理的な密室だけを意味しているわけではありません。無関心な傍観者とは，身近なところでハラスメントが生じていても気づかない人です。また，被害を受けている人が相談しにくいと感じる人でもあります。そのため，そのコミュニティに無関心な傍観者が多ければ多いほど，ハラスメントに関して，社会的な密室ができあがってしまうのです。

その意味では，ハラスメントの予防は，いかにそのコミュニティの多数の人たちを傍観者の位置から積極的な関与者の位置へと引き上げられるかにかかっていると言えるでしょう。

5 なぜ周囲は気づかないのか？

新聞報道されるような重大なハラスメント事件やいじめ事件を見ていくと，どうしてこんなに長い間，周りの誰も気がつかなかったのだろうと不思議に思ってしまうことがよくあります。

元プロボクサーのフライ級元世界チャンピオン，内藤大助さんは，中学生のときにいじめられていたそうです。貧乏だったので「ボンビー」というあだ名で呼ばれ，馬鹿にされ，囲まれて殴られたり蹴られたりしたこともあったそうです。それが中学生の間，ずっと続いたのです。そのうち，内藤さんは胃潰瘍を患い，胃薬を飲むようになりました。それでも誰も気づきません。ある先生は内藤さんが胃薬を飲んでいることに気がついたのですが，ただ「何飲んでるんだ」と叱っただけだったそうです[14]。

後から考えれば，きっとこの先生も，「ああ，あのときの胃薬はそういうことだったのか」と思い至るのでしょう。しかしそのときにはそのようには気づかれないことが多いのです。

たいていの人は，自分のすぐ間近でハラスメントやいじめがあるとは認めたくないものです。もし認めてしまうと，厄介なことになるという考えが潜在的にあるのかもしれません。また，認めたくない以前に，そんなものはあるはずがないと素朴に信じている人もいるようです。このことは，ハラスメントの兆候に対する感受性を大きく引き下げます。人は見たくないものは見ないものですし，まったく予想していないものは見えないからです。

シャーロック・ホームズは，たくさんの警官が何度も丹念に調べた犯行現場で，しばしば新たな証拠を見つけます。特定の見方に縛られていたり，特定の見方を避けたりしている人には，重要ではあっても小さな手掛かりが見えないのです。多くの人は，シャーロック・ホームズではありませんから，気づかないのは当然だとも言えます。

ハラスメントの小さな手掛かりは選択的に無視され，見過ごされます。ハラスメントらしき場面に気がついても，そこに潜在的に見て取れるハラスメント性は否認されます。そうした場面が繰り返し生じても，それについては選択的に不注意になります。「もう少し様子を見よう」と何らかの判断や働きかけを先延ばしにすることもよくあります。延々と先延ばしにしているうちに，感覚が麻痺してきて，その状況に慣れてきます。「まあ，こんなものなのかもし

14：内藤大助（2008）『いじめられっ子のチャンピオンベルト』講談社

れない」という考えが出てきます。そうして思考停止し，それ以上，何も考えなくなります[15]。

このようなわけで，周囲の人がハラスメントに気づくのは難しいのです。しかし，加害者に自らの行為のハラスメント性に気づかせるのはもっと難しいです。被害者に被害を受けていることを認識し，それを早いうちに誰かにはっきり言うことを求めるのも，なかなか難しいです。

ですから，周囲の人間がハラスメントに気づき，それを取り上げるのは，難しいことだとはいえ，まだハードルが低い方だと言えるでしょう。そのためには，ハラスメントは身近な問題であり，誰にでも，どこででも起きうる問題だという認識を持っておくことです。この問題に関心を持っていれば，気づきやすくなるはずです。そういう人がコミュニティにひとりでも多くいることが，ハラスメントの予防にとって非常に重要なのです。

6 ハラスメントのグレーゾーン

ハラスメントの啓発書では，しばしば，誰がどう見てもハラスメントだと思うだろうというようなケースが例として挙げられています。あるいは，裁判で有罪判決が出たケースが紹介されています。こうした例は，ハラスメントの概念を説明したり，悪質なケースの存在を示したりする上で有用なものだと思います。その一方で，ハラスメント相談の現場において，こうしたケースに頻繁に出会うのかというと，そうでもありません。その意味でこうしたケースは典型例ではありません。相談窓口で出会う実際の訴えは，むしろもっ

15：田嶌誠一（2016）学校のいじめ，施設の暴力『その場で関わる心理臨床』遠見書房 155-180 頁

と曖昧で，判断に迷う，あるいは判断の分かれそうなものが多いのです。

そして，いわばグレーゾーンに属するこうしたケースも，誰が見てもあからさまにハラスメントだろうと思えるようなケースと同じか，それ以上に関係者を悩ませますし，扱いが難しいのです。グレーゾーンのケースだからといって，被害を訴えている人の主観的苦痛が軽いとは限りません。かなり重いこともしばしばです。

実際，ハラスメントかどうかの判断が容易にできることと，被害者の苦しみの程度との間には何らの関係もありません。たとえば，男性教員が女子学生のバストやヒップに触る行為は，はっきりハラスメントだと言えるでしょう。他方で，教員の指導が厳しすぎると感じている大学院生のケースがあります。その教員の指導が，厳しい指導の範囲なのか，それを超えて逸脱しているのかに関して，大学院生と教員，双方の話を聞いた人の意見がまちまちであるようなこともあります。両者の苦しみを比べて，どちらの方が深刻かと問うてみても，何とも言えないでしょう。

この意味で，はっきりしたケース，悪質なケース以上に，こうしたグレーゾーンのケースについて述べておくことが重要だと思います。いくつか例を挙げてみましょう。

たとえば，学生のゼミ発表に対して，教員が「それは，どういうことですか？」と尋ね，学生が何を返答しても「あなたの言っていることは理解できません」としか言わないような場合が挙げられます。「こういう点が理解できないから，もっとこうする必要があります」といった具体的な指導はないのです。そして，それが毎回続くのです。

このような場合，積極的に悪意的な発言はありませんが，実質的な指導は欠如しています。とはいえ，教員の方には別の言い分もあるでしょうし，ハラスメントの認定は難しくなることもありうるでしょう。

別の例を挙げましょう。男性教員が，女子院生を深夜まで残して2人きりで研究し，深夜2時に帰します。女子学生が深夜にひとりで帰宅することへの配慮はありません。その上，帰宅した頃に，メールで「実験器具の後片付けがきちんとできていない。もう一度やり直すように」と連絡して，深夜に再び来させます。

このような場合，教員には悪意はないのかもしれません。単に社会常識が欠如しているだけで，熱心でまじめな方なのかもしれません。このケースで，もし女子学生から（あるいはその親から）ハラスメントではないかという訴えが出された場合，その認定がなされるかどうかは，意見が分かれるかもしれません。いずれにせよ，その教員には，指導の仕方を改めるよう，そしてもっと社会常識を考慮するよう，注意と指導が必要でしょう。

この後の節で述べるように，教員と学生との間に恋愛関係があって，その後，関係が破綻し，ハラスメントの申し立てに至った場合にも，かなり判断が難しくなるケースがしばしばあります。

こうした訴えに関して，ハラスメントなのかどうかをはっきり判断して欲しいと求められ，判断を迫られる場合もあれば，現状に対する有効な手立てを求めているだけで，その判断については特に求められていないこともあります。ハラスメントかどうかの判断は難しい場合でも，その状況に対する対処の決定は比較的簡単なこともあります。たとえば，学生が指導教員を別の教員に替えて欲しいと希望していて，それが可能な場合です。ハラスメントであるかどうかの判断の難しさと，対処の決定の難しさとの間にも，やはり直接的な関係はありません。

7 教員と学生の恋愛

ハラスメントとの関係で教員と学生の間の恋愛関係がしばしば話題になります。というのも，教員と学生の間の恋愛が，学生からのハラスメントの訴えにつながるケースがときに存在するからです。恋愛関係が破綻し，こじれていくと，その男女はしばしばお互いを傷つけ合うような激しいやり取りをすることがあります。そのとき，学生が，相手の教員の言動をハラスメントとして捉え，申し立てに至ることがあるのです。教員と学生の間ほど明確な権力関係はないにせよ，大学院の先輩と後輩との間でも似たような状況が生じることもありえます。

恋愛関係がうまくいっている場合でも，教員と学生とが恋愛関係にあることで，周囲はその学生が研究活動において優遇されているのではないか，大学院入試や単位認定においてえこひいきされているのではないか，といった疑惑を抱くかもしれません。

こうした意味で，大学・大学院において教員と学生間の恋愛を全面的に禁止すべきだという声を聞くこともあります。教員と学生の恋愛はすべてセクハラだという意見さえ聞くこともあります。

しかし，恋愛は基本的に個人の自由であり，大学がどうこう言うのは野暮であるばかりか，人権の侵害になる可能性があることも認識しておく必要があります。また，教員と学生が恋愛に落ち，結婚して，同じ分野で生産的に共同で研究成果を上げているケースがしばしばあるのも事実です。とりわけ研究者を目指す大学院生の場合，男女を問わず，異性と出会う機会や時間は限られています。教員と学生の恋愛を禁止することは非現実的だと言えるでしょう。

この点について非常に厳格な姿勢を取っているある大学では，教員が担当学生と恋愛関係になったら，部局長に届け出なくてはならないと定めています。そして届け出を受けた部局長は私的関係と指導関係が併存しないよう，教育・研究上必要な措置を取るのです。こうした制度が実際にどのように運用されているのか，ハラスメントを予防する上でどの程度の実効性があるのか，今後，検証していく必要があるでしょう。

大学が規定上どう扱うかはともかく，教員と学生の恋愛にはさまざまなリスクが伴うことを教員は自覚しておく必要があります。いずれにせよ，これは非常に難しい問題であり，単純な結論の出ない問題です。

8 ハラスメントの周辺問題

ハラスメントとはどのようなものなのか，その概念の中核的な部分については前に述べました。しかし，ハラスメント相談窓口に寄せられる多様な相談の中には，確かにハラスメントの可能性は濃厚だとは思うけれども，ハラスメントとしてこのまま相談を続けていっていいのかという疑問に悩まされるようなものがしばしばあります。これについて，いくつかの項目に分けて簡単に見ていきたいと思います。ハラスメントの定義には当てはまるものの，大学のハラスメント相談窓口で扱うよりも，もっと別のやり方で扱った方が適切だと考えられるようなものもあるのです。

(1) 明確な犯罪

極端な話，たとえば教員が学生をバットで殴って重症を負わせたような場合，それは確かにハラスメントだと言えるかもしれませんが，ハラスメントとして大学で扱うよりも，傷害事件として警察で扱ってもらう方が適切でしょう。教員が学生にこの仕事をしなければ指導しないぞと脅しながら無理矢理にアルバイトをさせて，その報酬を自分の懐に入れていたとしたら，それはハラスメントとして大学で扱うよりも，恐喝や横領として警察で扱ってもらう方が適切でしょう。あるいは弁護士に相談して示談の交渉をするという方法もあるでしょう。

こうした教員の処分についても，ハラスメントに関わる人権問題として審議するよりも，大学の就業規則に対する重大な違反行為として審議する方が，より適切でしょう。

(2) 雇用問題

突然，「もう明日から来なくていい」と解雇を告げられた，1年契約で毎年何事もなく更新されていたのに，突然，次の更新はしないと言われた，毎月100時間にものぼる残業を強いられている，などといった問題が，ハラスメント相談窓口によく寄せられます。こうした場合，たしかにそこにハラスメントの要素が含まれていることも多いと思います。けれども，こうした問題は，ハラスメントの面に注目してハラスメント相談窓口で扱っていくよりも，雇用契約や労働条件や労働環境といった労働問題の面に注目してそれを専門に扱う人事課などの窓口で相談してもらうようにした方が，たいていはずっとスムーズに行きます。

大学での対応に疑問があるなら，労働基準監督署や，労働組合に相談することもできます。労働問題を専門に扱う弁護士に相談するのもいいかもしれません。

(3) ハラスメントの要素が中心的ではない多様な苦情

ハラスメントという言葉は，現在，さきほど述べた定義の中核的な意味からはずいぶん隔たった事柄に関してもしばしば用いられます。ハラスメント相談窓口で相談を受けていると，完全にハラスメントではないと言い切れるわけではないけれども，しかし何かしっくりこない訴えと出会うことがままあります。

ひとつにはそれは，大学という機関に，ハラスメント相談窓口の他に適切な苦情窓口がない，あるいはあってもあまりよく機能していないことによるのだと思います。他に行き場がないために，ありとあらゆる苦情が，ハラスメントの訴えの下にハラスメント相談窓口に寄せられてしまうのです。休講が多いのもハラスメント，無認可のサークル活動の騒音がうるさくて研究活動の妨げになっているのに大学が取り締まらないのもハラスメント，研究室の教授ポストが何年も空席であるために十分な指導が受けられないのもハラスメント，復職支援が十分になされないのもハラスメント……などなど。

これらの問題の多くは，確かにゆゆしき問題ではあるのですが，ハラスメントという概念の下で扱うよりも，もっと他によりふさわしいやり方で扱う道筋があって然るべきものです。大学という場で生じている問題で，学生や教職員がストレスを感じるあらゆる問題をハラスメントとして扱うことはあまりよいこととは思えません。

誤解のないように付け加えますが，上に挙げたような訴えをまともに取り合う必要がないと言っているのではないのです。さまざまな苦情を受け付ける窓口が大学にはもっと必要になってきているのだと言いたいのです。大学が組織としてそうした必要に応じないでいると，かなりこじつけめいた解釈の下に，あらゆる問題がハラスメント問題だという訴えになってハラスメント相談窓口に寄せられることになってしまいます。そうなると，ハラスメント相談窓口の機能はかなり低下してしまいます。寄せられる多種多様な訴えの交通整理だけで，かなりの労力が奪われるからです。

ですので，多様な苦情の相談窓口が整備される必要があります。

こうした訴えを持ち込む人々も，他にもっと適切な窓口がきちんと目に見える形で存在していれば，わざわざ無理な解釈をしてまでハラスメント相談窓口に訴えを持ち込んだりしないでしょう。

(4) 被害妄想

現実にハラスメント相談窓口に寄せられる相談の中には，無視できない比率で，被害妄想（ないしはそれに類するもの）と推定される訴えが存在します。

ちなみに，南山堂医学大辞典によれば，妄想とは「病的心性に基づいた判断によって，状況からみて現実的・合理的にあり得ないと考えられる事柄を，薄弱な根拠だけから事実であると強く確信するに至る思考。通常の説得・検証・経験などによって訂正不可能なもの」です。

精神医学のテキストをひもとけば，たとえばテレビの番組で自分の悪口を言っているとか，誰かが自分の食べ物に毒を入れているとか，誰かが咳をしたのは自分の性格的欠点についての当てこすりだとか，自分をつけ狙っている誰かが電話を盗聴しているとか，誰かが自分をつけ回して監視している，とかいったような訴えが，被害妄想の例としてたくさん記載されています。

統合失調症という精神病の患者さんは，その病的プロセスの中で，心の中に湧き起こる非常に強烈で圧倒するような恐ろしい体験を，現実に生じていることとして誤って知覚してしまうことがあります。そうした症状のひとつが被害妄想です。

統合失調症だけでなく，他の精神病でも被害妄想という症状が生じることはありえますし，健康な人でも強いストレスにさらされていると被害妄想的になることもありえないことではありません。

そのように病的な精神状態にある人が，ハラスメント相談窓口にやってきて被害妄想を訴えることがあります。こうした場合，相談を受けた人は，たいていは最初のうち相手の訴えを真剣に聞くのですが，そこに妄想的な要素が含まれているということに気づくやいなや，真剣に聞いて損をしたという思いに陥り，拒絶的・嫌悪的態度に転じてしまいがちです。妄想的な要素が濃厚だと判断されたときでも，むしろそういう場合だからこそ，落ち着いて穏やかに，現実的な対応を心がけましょう。

ハラスメント相談を進めていくよりも，医療機関への受診を勧めることが相談者にとって最も有益だと思われることもあるでしょう。相談者の訴えを単に門前払いしたという印象を与えないよう注意しながら，医療につなぐことが必要です。場合によっては，その相談者の家族と連絡を取る必要もあるでしょう。

しかしながら，たとえ妄想であろうと思われたとしても，だからと言って，ハラスメントの訴えをしている人を門前払いにし，ただ医療機関への受診を勧めるだけで終わらせようとするならば，当然のことながら，その人やその人の家族がその対応に対してさらなる被害感や不信感をもって反応するようになることもありえます。たとえ妄想の疑いが濃くとも，訴えをていねいに聞き，きちんと調査して回答するという手続きを真剣に考慮する必要がある場合もあるでしょう。

9 コミュニティ基準

大学における教員対象のハラスメント予防研修会の場で，フロアの先生から「たとえ大学院生が厳しすぎると感じているとしても，それが私の指導方針です。それについて私は間違っていないと確信しているので，変えるつもりはありません」といった発言が出てくることがあります。これはなかなか難しい問題です。ある学生がその先生の指導を厳しすぎると感じたとしても，それが実際に厳しすぎるのか，それともその程度の厳しさで音を上げる学生の方が敏感すぎるのか，わかりづらいことも多いでしょう。

もちろん，それが指導上必要な行為であるかどうかをオープンに議論するところから，見えてくるものもあるでしょう。何時間にもわたって同じ内容のお説教を延々と繰り返し，「バカ」「アホ」「間抜け」などという人格否定の言葉で怒鳴りつけるというような場合であれば，指導上必要な行為の範囲を明らかに超えていると言えます。

しかし場合によっては，こうした検討を重ねても，その行為の程度や内容が適切な範囲と言えるのか，それとも逸脱しているのか，はっきりしないこともあるでしょう。

こうしたときにしばしば参照される基準としてコミュニティ基準があります。コミュニティ基準とは，同じ役割を担う人たちのコミュニティにおいて，どういう振る舞いが一般的かという観点に基づく基準です。たとえば，あるカウンセラーが守秘義務違反を犯したという訴えがあった場合に，カウンセラーのコミュニティでは守秘義務を実際にどのように扱うのが一般的かということを参照し，それをもとに判断するということです。

パフォーマンスの芳しくない学生を毎日呼び出して怒鳴りつけるといった指導は，かつては当たり前だったのかもしれません。しかし大学教員のコミュニティの標準的な実践は時代とともに変化しています。しかもかなり急速に変化してきています。かつて学生の頃に自分が受けた指導方法をそのまま反復していると，コミュニティ基準を逸脱してしまうことも増えてきています。いくら自分の基準ではこれは当たり前の指導だと主張したところで，コミュニティ基準をはずれていると，ハラスメントだと見なされても仕方ありません。

つまり，ハラスメントになるかどうかは，自分ひとりで判断できることではないということです。その判断には，自分と学生の関係だけで判断できるとも限りません。幅広く大学教員のコミュニティにおいて，どういう実践が標準的であるかを参照することが必要になってくることも多いのです。社会がいくら変わろうとも，自分の実践は普遍的に正しいというようなことは言えないのです。ハラスメントかどうかという感覚は，かなりの部分，社会的なものだからです。

アメリカの多くの州の法律では19世紀後半まで夫が妻を殴っても罪に問われることはありませんでした。現在，この状況は変わりました。19世紀の奴隷制度下のアメリカでは，奴隷が自由を求めることはドラペトマニアという診断名の精神障害だと考えられていました。現在，この状況は変わりました。社会の判断基準は変わります。かつては当たり前と感じられていたことが，現在の感覚では「考えられないほどおかしいこと」になったのです。

その変化は決して気まぐれなものではなく，こうあるべきと考えられる方向への変化であり，多くの個人の勇気と努力の成果であることも確かです。けれどもまた，その変化は決して一個人の判断だけで生じたものではなく，同じ感覚を共有するコミュニティの多くのメンバーに後押しされて生じてきたものです。自分だけで自分の実践が正しいと言い切ることはできないのです。その判断には相手や他の研究室メンバーの感受性という観点を含めることが必要ですし，他の多くの同じ立場の人がどのような実践をしているかという観点を含めることが必要なのです。

このように，ハラスメントの判断においては，しばしばコミュニティ基準が参考にされます。その意味では，学生との関係がぎくしゃくし，丁寧に対応しても相手が納得しないような場合，当の学生と話し合いを重ねるだけでなく，他の教員にも相談することが大事です。上司に状況を報告して相談するとともに，同僚の教員2人に相談しましょう。これらの人たちの意見を聞いて対応に反映させるだけでなく，その内容を記録に取っておくことが望ましいでしょう。

ハラスメントの予防のためにも，さまざまな場面について，それをハラスメントだと感じるかどうかを，コミュニティのメンバーの間で率直に話し合うことが有用であり，また必要でもあります。こうした話し合いの題材として，巻末に，ハラスメントを受けていると感じた学生からの架空の訴えを収録しました（資料「研修教材1」「研修教材2」参照）。これらの例において，もし当事者に調査を行ったとして，どういうことが事実として出てくればハラスメントになるだろうか，逆にどういうことが事実として確認されれば，ハラスメントとはならないだろうか，といったことを考えてみていただければと思います。他の人にも意見を聞いてみましょう。コミュニティのメンバーの間の率直な意見交換から学んでいくことが重要なのです。

10 ストレスという背景要因

ストレスの高い環境で動物を飼育すると，ケンカが増えたり，薬物依存になりやすくなったりするということが実験によって明らかにされています[16]。

16：杉山尚子・島宗理・佐藤方哉・マロット，R. W.・マロット，M. E.（1998）『行動分析学入門』産業図書；Alexander, B. K., Beyerstein, B. L., Hadaway, P. F., & Coambs, R. B. (1981). Effect of early and later colony housing on oral ingestion of morphine in rats. *Pharmacology, Biochemistry, and Behavior*, 15, 571-576.

たとえば，2匹のネズミをケージに入れます。床に電気ショックを流すと，2匹はとっくみあいのケンカを始めます。別に相手のネズミが電気ショックを流した張本人というわけではないのに，電気ショックが与えられるとネズミは身近なネズミを攻撃するのです。2匹で一緒になってケージの外から電気ショックを流している実験者に抗議するなどということは決して起こりません。

別の実験も紹介しましょう。ケージでハトを飼育します。ケージの隅に別のハトを身動きできないように固定しておきます。そのケージには，レバーがあって，自由な方のハトがレバーをつつくとその度に餌が一粒出てくるようになっています。やがてそのハトはレバーをつついては餌を食べるようになります。ところが，あるときレバーをつついても餌が出てこなくなります。そうするとどうでしょう。ハトは部屋の隅の拘束されたハトをつついて攻撃し始めるのです。

これらの動物実験は，痛みや欲求不満といったストレスが，攻撃行動を誘発する条件になることを力強く示しています。

これらの動物実験について学んだとき，私は人間のハラスメントやいじめにも同じ背景があるのではないかと思いました。健全な研究室運営がなされていて，和気藹々とした雰囲気の研究室で，研究成果がどんどん出ていて，といった状況ではハラスメントは起きにくいでしょう。研究が行き詰まっていて先生がカッカしているような研究室，研究して結果が出てもなかなか評価されず皆がいらだっているような研究室，研究資金が乏しくて最低限必要な実験さえままならない研究室などで，ハラスメントは特に起きやすいように思います。

床に電気ショックが流される前には，ネズミ同士の加害行為はなかったことを思い出してください。ネズミ同士の加害行為を防止するためには，電気ショックを止めることが何よりもまず必要ですし，有効です。電気ショックが流れるような環境をそのままに放置しておいて，加害行為だけを問題視し，やめさせようとするのは無理な話です。

これを直接にハラスメントの問題に置き換えれば，環境のストレスが高いとき，ハラスメントの加害者をいくら処罰したとしても，そのことがもたらす抑止力には限界があるだろうということです。ハラスメントは加害者と被害者の間で起こる出来事ですが，それだけを見ていると重要なことが見逃されてしまう可能性があります。その出来事の背景にある環境的な要因を見ていく必要があるのです。

21 世紀の初頭，アメリカがイラクに設けた軍事上の刑務所であるアブグレイブ刑務所で，アメリカ兵による収容者の虐待事件が生じました。事件の背景には，この虐待が起こることを可能にした環境があり，起こるよう方向づけたアメリカ軍の組織上の問題が存在したということが指摘されています。しかしこの事件は，虐待に直接関与した 7 人の兵士を処分しただけで幕引きされました。当時のブッシュ大統領は彼らを「7 つの腐ったリンゴ」と呼びました。このとき，リンゴをおさめていた樽の腐敗については看過されたのです[17]。

ハラスメントの問題も，加害者の処分だけで幕引きされることが多いですが，なぜその事件が生じたのかを詳細に見ていけば，単にそれで終わりにしてはよくないケースが多々あると思います。

17：「リンゴをおさめていた樽の腐敗」とは，アブグレイブ刑務所の運営体制の問題を指しているわけですが，そこにはアメリカ国防総省に属する心理学者も関与していたことがわかっています。この事件のほか，アメリカの国防に関わるいくつかの事件において，アメリカの諜報機関（CIA），国防総省，軍などに属する心理学者が「心理学的拷問」に関与してきたこと，さらにその背景には，アメリカ心理学会幹部職員らと軍事関係者らの間に密接な関係があったことも，調査により明らかになっています。

以上の考察は，ハラスメントの加害者は悪くないという意味では決してありません。加害者はその行為の責任を取る必要があるでしょう。しかし，そのことを認識した上で，やはり加害者にすべての責任を押しつけて，加害者を処罰すればそれで終わりであると考えてしまうと，しばしばより大きな環境の問題を放置することになります。

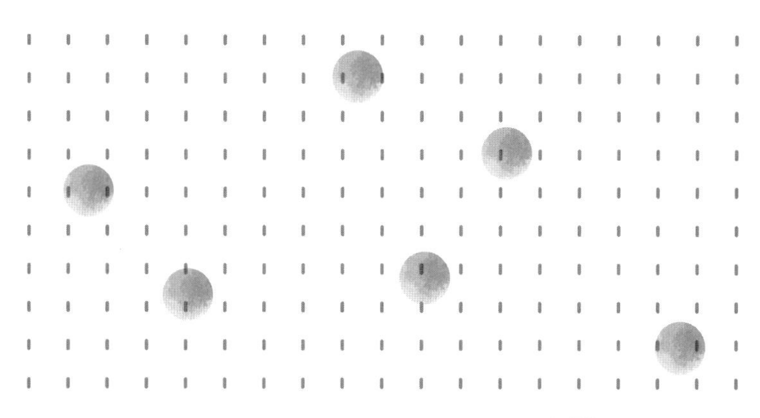

2部 ハラスメントの予防

2部では，ハラスメントの予防について考えます。予防は研修会や，ウェブ，冊子，リーフレットなどでの情報発信によって行われます。いったんハラスメントが生じると，そのダメージは広範囲に及び，深刻なものになりますから，予防が大切なのです。

5章　予防のために

ハラスメントの予防活動の基本は研修にあります。ここでは予防研修について考えてみましょう。予防研修の効果を高めるにはどうすればよいか，予防研修はどういう人をターゲットにするのがよいか，研修の目標をどこに置くか，などについて考えてみます。また研修で取り上げるべき重要な内容や，研修を行う上で参考になる考え方にも触れておきます。

1 ハラスメント研修の基本スタンス

大学教員になるために，教職免許は要りませんし，教職科目を履修する必要もありません。大学教員は，それぞれの専門分野について優れた研究業績を上げていることによって採用されます。ですから，教員になってから，効果的な教授方法，教育的な人間関係のあり方，適切な予算の使い方などについて，研修を受ける必要があります。

こうした研修は，FD（Faculty Development）研修と呼ばれています。職員の場合も同様にそうした研修は必要で，これはSD（Staff Development）研修と呼ばれています。これらの研修の重要性は以前よりもよく認識されるようになってはきましたが，なお十分とは言えません。さまざまなFD研修やSD研修が求められていますが，その中でもハラスメント予防研修は最も重要なもののひとつでしょう。

ハラスメントの予防研修を行う上で，特に気をつけるべきことは，講師が上から目線にならないことだと思います。たとえ講師にそのつもりがなくとも，「こういう言動はハラスメントに該当します」「ハラスメントにはこういう害があります」「過去にこういう言動をした人がこういう処罰を受けています」といった内容ばかりを受講者にただ伝えていけば，受講者からすれば上から目線で注意喚起されていると感じられて当然です。受講者は，自分は講師からハラスメントの加害者候補と見なされ，戒められていると感じてしまい，反感を感じることでしょう。このような反応を引き起こしながら，予防のための協力を求めてもうまくいくはずがありません。

以下に述べるように，ハラスメント予防研修のメイン・ターゲットを，加害者になりそうな人ではなく，無関心な傍観者になりそうな人に置くことが有用だと思います。受講者を，加害者でも被害者でもなく，その周辺の関係者になる可能性が高い人たちと見なして，協力を呼びかけるのです。

また，大学教員はとても知的に活発な人たちであり，また多忙な人たちです。これらの人たちを相手に，わかり切ったことを長々と説明すると，やはり反感を買います。知的に興味を引く内容であることや，受講者自身に考えてもらったり，討議してもらったり，体験してもらったりするような内容であれば，満足感が高まるでしょう。講師が受講者の興味を引き出し，好奇心を引き出し，物の見方を揺さぶることによって受講者を知的に満足させないなら，やはり積極的な協力は引き出しにくいと思います。

2 予防の最重要ターゲット：無関心な傍観者たち

ハラスメントを予防するために何より重要なのは，多くのメンバーにこの問題に対する関心を持ってもらうことです。そのコミュニティにおいて，より多くのメンバーがハラスメント問題に積極的な関心を持っていればいるほど，ハラスメント的な事態が生じかけたとしても，誰かがそれに気づき，注意喚起することが増えるのです。逆に，多くのメンバーがこの問題に無関心であるなら，ハラスメントを受けている人がいても，誰も気がつかないかもしれません。周りが傍観者ばかりだと，被害者は誰にも相談できないと感じ，ひとりで抱え込んでしまいやすくなります。このことはハラスメントの被害を拡大してしまいます。

予防にとって最も重要なのは，こうした無関心な傍観者を減らすことです。もちろん，加害者を減らす，被害者を減らすという視点も大事ではあります。しかしより重要なのは，無関心な傍観者になりうる人たちを減らし，ひとりでも多く意識の高い関与者を増やすという視点です。

その理由はいくつかあります。第一に，研修によって加害者を予防的に減らすのは，非常に難しいことだと思われます。研修会に講師として行くと，主催者の方から「一番，聞いてもらいたい先生がいつも来ないんですよね」という嘆きの声をよく聞きます。最も加害者になりそうな人は，最も研修に来ない人なのです。また仮に研修に出てきたとしても，加害者は研修内容をなかなか自分のこととして受けとめません。ハラスメントでも，いじめでも，体罰でも，加害者として告発された人は，ほとんどの場合，「そんなつもりはなかった」と言うものです。自己弁護のための言い訳という要素もあるのかもしれませんが，かなり本気でそう言っていることも多いと思います。はっきりと意識的に「ハラスメントをしよう」とか「いじめよう」などと考えながら加害する人など，まずいないと言えるでしょう。相当ないじめでも，いじめている方は，相手がそこまで本気でいやがっているとは思っていなかったとか，一緒にふざけているつもりだったとか言うことが多いものです。

もちろん，研修を受けて自分を省みることのできる人もいないわけではありません。ですから，まったく可能性がないとは言えません。とはいえ，研修会のような場で，加害者に自らの言動の加害性を意識するよう導くのは，やはり一般にはかなり困難度が高いことだと言えます。

そうすると，次に考えられるのは，被害者を予防的に減らそうということかもしれません。実際，被害者が誰にも相談せず，長期間，ひとりで抱えているために，被害が大きくなってしまっていることは多いです。少しでも早い段階で相談してくれれば，少なくとも被害の程度は抑えられるはずです。

しかし，実はこれもなかなか困難な課題です。誰か気づいてくれと心の中で叫びながらも，自分からはなかなか言えないというのがハラスメントの被害者の自然なありようなのです。被害者は，しばしば，被害者であるということ自体を，恥ずかしく感じたり，自分の方が悪いと考えて自責感を抱いたり，自己疑惑に陥ったり，打ち明ければ周りから非難されるのではないかと恐れていたりします。非常に多くの被害者がそのような体験をするのですから，これは被害を受ける人のもともとの性格の問題というよりも，ハラスメント体験の一側面として捉えられるべきものでしょう。

その意味で，研修において，被害を受けている人に，勇気を出して打ち明けてと求めるのは，必要なことではありながら，ハードルの高いことでもあると言えるのです。

もちろん，ハラスメントの被害を受けていると感じた人の中には，早い段階ではっきり相手に抗議する人もありますし，周囲の誰かに相談する人もあります。ですから，被害者はまったく被害を訴えることができないのだ，と決めつけてしまうのもよくないと思います。勇気を出して，相談してください，一緒に考えていきましょうというメッセージを発信することは，必要なことだと思います。ときに，被害者にそのように求めるのは，被害者の心情に対する配慮に欠けるという意見も見かけます。しかし，そこに配慮しながらもなおこうしたメッセージを発信していくことは必要であり，差し控えるべきではないと私は思います。

それよりも重要なのは，被害者が相談してくれれば，しっかりとその訴えに耳を傾け，一緒に考え，手を貸すと保証できる環境を用意することです。それが保証できないのに，被害者に早く相談してと求めても，それは無理というものです。逆に言えば，相談すればきっと真剣に聞いてくれるという信頼感を高めていけば，被害者は早く相談してくれるようになるものと期待されます。

その意味で，被害者の身近にいる人たちが相談できる人になることが重要になってきます。ハラスメント予防の最も重要な対象は，加害者，被害者よりもむしろその周囲にいる多くの人たちなのです。

単に数の面から言っても，加害者，被害者になる人よりも，その周囲にいる人の方がずっと多いのです。研修参加者が加害者や被害者になる確率よりも，その周囲の人間になる確率の方が圧倒的に高いのです。このような確率論からしても，予防において最も重要な焦点は，加害者や被害者の周囲にいる人々の関心と意識を高め，無関心な傍観者を減らすこと，啓発された関与者を増やすことにあるのです。

周囲の人たちが無関心な傍観者になるのは，ある意味では，自然なこととも言えます。誰も厄介ごとに巻き込まれたくはないのです。好きでハラスメントに気づきたい人などそうそういないでしょう。

とはいえ，無関心な傍観者が，はっきりとハラスメントに気づきながら，自覚的に見て見ぬふりをすることは稀だと思います。むしろなぜか気づかないでいるというのが普通です。第三者的に見れば，どうして周りの人が誰も気づかなかったのだろうかと不思議に思えるようなハラスメント事件がしばしば起きます。そこには無意識的な心理的防衛のメカニズムが働いていると考えられます。自然状態では，見たくないものは，不思議と見えないものです。多くの手がかりが見過ごされます。気づかない方が楽だからです。

気づいたとしても，いろいろな理由をつけて，事態の重大性を小さく見積もろうとしたり，そんなことはありえないとあからさまに否認したり，もう少し様子を見てみないとわからないと判断をいたずらに先延ばしにしたり，つい忘れてしまったりします。そうした防衛メカニズムの結果，無関心な傍観者ができあがるのです。この無関心は，単なる素朴な無関心ではなく，無意識的に動機づけられた無視，偽装された無視なのです。それゆえ，かなり積極的に気づきをもたらすことによって，ようやく何とか克服されるようになるのです。

見たくないという無意識的な動機によって，見えているはずのものも見えなくなるという心理防衛とは別に，単に見ることを予想していないものは見えないということもあります。ハラスメントについてまるで無知だったり，ハラスメントなんて自分の周りで起きるはずがないと思い込んでいたりする人は，ハラスメントのかすかな兆候に気づきません。

予防研修では，まず，この問題は，加害者と被害者という少数の人間だけの問題ではなく，その人たちを取り巻くすべてのコミュニティメンバーの問題だということを知ってもらいたいと思います。ハラスメントが見過ごされ，エスカレートしていき，大きな被害になってしまうと，コミュニティ全体がダメージを受けます。たとえ加害者にも被害者にもならなかったとしても，周囲のメンバーもみんながダメージを受けるのです。誰も無関係ではいられないのです。

さらには，この問題が決して自分とは関わりのない別世界の話ではなく，身近で起きうる問題なのだということを知ってもらいたいと思います。ハラスメントは特別な人にだけ起こるものではなく，誰にでも起こりうる身近な問題です。加害者も被害者も，ほとんどの場合，特別に変わった人間ではなく，あなたとも私とも変わらない普通の人だということを知って欲しいと思います。通常，加害者は見るからに極悪人というわけではありませんし，被害者も特別な人ではありません。ほとんどの場合，いずれもどこにでもいる普通の人なのです。つまり誰もが加害者にも被害者にもなりうるということですし，どこででも起きる可能性があるということです。

こうした啓発活動によって，コミュニティにおいて無関心な傍観者を減らすのです。それも難しいことかもしれませんが，加害者を減らす，被害者を減らすという課題よりは，まだハードルが低いと言えます。最も現実的で効果の期待できる課題です。

以上，述べてきたことをまとめると，ハラスメントの予防研修は，次の３つの目的を持って行われます。コミュニティのメンバーに対して，

①加害者になりそうなときには，早い段階で軌道修正できるように意識を高めること。

②被害者になりそうなとき，早い段階で相談できるよう準備すること。

③傍観者にならず，小さな兆候に気づいてコミュニケーションの

俎上に載せること。

繰り返しになりますが，この中でも3番目，「傍観者にならず，小さな兆候に気づいてコミュニケーションの俎上に載せること」が，予防戦略上，最も重要です。

3 社会的な密室

ハラスメントはしばしば密室で起こると言われています。第三者の目が行き届かないところでこそ，ハラスメントが生じやすいということです。第三者の目が行き届かないことは，ハラスメントの事態が当事者だけの間で進行することを許容します。そのため，ハラスメントの事態は，周囲に知られないまま，エスカレートしていきやすくなります。

重大なハラスメントの事件の報道を見てみると，多くは，数か月，ときには1年以上にわたって，時間をかけて徐々にエスカレートしています。こうした報道を見るにつけ，もっと早い段階で被害者が周囲の誰かに相談するか，あるいは周囲の誰かがその事態に気づき，声を上げることができなかったものかと悔やまれます。そうすれば被害はもっと小さくて済んだだろうにと思われるからです。

こうしたことを考えると，ハラスメントがエスカレートする条件としての密室は，必ずしも物理的な密室だけを指すものではないということに思い至ります。周囲の誰もがハラスメントに無関心で，誰かが苦しんでいても積極的に関与しようとしない雰囲気が漂っているのであれば，被害を受けている人は誰にも相談できないと感じてしまいます。このことは社会的な密室を作り出します。社会的な密室は，物理的な密室以上にハラスメントの温床となります。

当事者（加害者－被害者）ならびに当事者を取り巻く人々の中の

誰かが，できるだけ早い段階で，勇気を持ってハラスメントとされる事態を問題として取り上げるコミュニケーションを始めることが大切です。それはハラスメントの予防（一次予防），あるいは被害の拡大の防止（二次予防）につながります。

そのためには，とても逆説的なことですが，「ハラスメントは絶対に許さない」「ハラスメントはあってはならない」「ハラスメントをする人間を徹底的にやっつけよう」といった強硬なスローガンは，逆効果です。こうした強硬なスローガンが支配していると，ハラスメントだと感じたときに，それを言い出すことが非常に重い仕事になってしまいます。被害を受けていると感じている人は，もしそれを口にしたら相手は大変なことになってしまうと考え，今しばらく我慢して様子を見ようと考えてしまうでしょう。

この意味で，ハラスメントを予防するには，小さなハラスメントは「きわめて人間的なもの」「社会生活につきもの」「コミュニティのあちこちで日々生じうるもの」といった理解の方が有益だと思います。小さなハラスメントの事態を，加害者だとされた人も，被害者だと感じている人も，これら両当事者を取り巻く人々も，口にしやすい雰囲気をコミュニティに作り上げることが大切なのです。

そういう雰囲気があってさえ，ハラスメントだと感じたときに，被害を受けていると感じた人がそれを口にするのは，なかなか難しいものです。多くの人がそこで悩みます。広島大学で 2013 年に大学院生を対象になされた調査では，被害を受けていると感じたときに，相手に直接やめるよう頼んだり，抗議したりした人は，アカハラでもセクハラでも 1 割以下でした。大半の人は，不快に感じながらそれを我慢してやり過ごすのです。これは周囲の人も同じでしょう。ハラスメントではないかと思えるような事態を目撃しても，その行為を行っている人に，直接，注意するのはかなり勇気が要るものです。

生活の場で身近な人物に「不愉快だからやめてくれませんか」「それはハラスメントですよ」と注意することは，たいていの人にとって，国際社会に向かって「戦争反対」と大声で叫ぶことよりもはるかに勇気が要ることなのです。けれども，その勇気こそ，社会的な密室を破るものです。

4 「ハラスメントをしない」という目標は逆効果

しばしば，ハラスメントの予防研修では，こういうことをするとハラスメントに当たりますよ，こういうことはしてはいけません，というふうな内容が強調されます。つまり，ハラスメントの具体例を示し，それをしてはいけないと強く伝えるのです。その上，過去にそういうことをした人がこんな処罰を受けましたとか，裁判でこういう判決が出たことがありますとかいう情報を伝えて脅しをかけることもよくあるでしょう。

私はこのような研修の必要性を否定しませんが，その予防効果にはかなり疑いを抱いています。心理学の実験がもたらしてきた知見から，否定文の目標設定はあまり効果的ではないということを知っているからです。カウンセリングという，行動や考え方や態度の変化を促進する仕事に携わってきた経験からしても，否定文の目標は効果的ではないことは実感しています。たいていの場合，「緊張しない」という暗示よりも，「リラックスする」という暗示の方が有用性が高いです。「自分はダメ人間だとは考えないようにする」という目標を設定するよりも，「自分は価値ある人間だと考える」という目標を設定した方が，達成しやすいのです。

その理由のひとつは，「～しないようにする」という目標は，具体的にイメージできないことにあります。たとえば「セクハラをしていない」状態は，「セクハラをしている」状態以外のあらゆる多様な状態を含みます。特定の状態以外のあらゆる多様な状態は，パッとイメージすることのできないものです。実際，このようなものを目標として掲げても，どこを目指していいのかがわかりません。それはまるで，旅行者が，旅行の目的地として特定の場所を「行かない場所」と定め，それ以外のすべての場所を目的地としているようなものです。これではどこへも行けません。

「メンタルコントロールの皮肉過程理論」を提唱したウェグナー[18]は，否定文の目標がしばしば逆効果になることをさまざまな巧みな実験で示しました。

皮肉過程理論は，「白熊について考えてはいけない」という指示を守ることは果たしてできるのかという問いからスタートしました。実験の結果，白熊について考えないように努力すると，確かにその努力を払っている間は白熊についての考えは浮かびにくくなりますが，完全に浮かばないようにすることはできないということがわかりました。そして，より重要なことには，白熊について考えないようにする努力をやめたとき，かえって白熊についての考えが湧きやすくなるのです。ウェグナーらは，数々の実験によって，考えを抑えようと努力すると，結局は，余計にその考えが心に浮かぶ結果を招いてしまうということを示しました。

ある実験[19]では，被験者は「振り子を揺らしてはいけない」と指示されます。それでも振り子は揺れます。重要なのは，「振り子を縦に揺らしてはいけない」と言われると，振り子は縦に揺れやすく

18：Wegner, D. M.（1989）*White bears and other unwanted thoughts*. The Guilford Press.
19：Wegner, D. M.（2009）How to think, say, or do precisely: The worst thing for any occasion. *Science*, Vol.325, pp.48-50.

なるということです。声に出して1000から3ずつ引く計算をしながらだと，その揺れはいっそう大きくなります。この実験が示唆しているのは，「何かをしてはいけない」と考えると，逆にそれをしてしまいやすくなるということであり，余裕のない状態ではとりわけそうなりやすいということです。

ウェグナーの一連の実験の中には，「こういうことをするとセクハラになります」「セクハラをしないように」などというメッセージを伝える研修とよく似た設定の実験もあります。その実験[20]では，被験者は2つのグループに分けられます。第一のグループの被験者は，「セックスについて考えるように」と教示されます。第二のグループの被験者は「セックスについて考えないように」と教示されます。そして3分間，心に浮かぶことをありのままに声に出して言います。それとともに，皮膚電気反応などの生理学的指標で興奮の度合いを調べます。そうすると，セックスについて考えないように努力した被験者は，セックスについて考えるようにした被験者よりも，セックスについての発話は少なくなりました。けれども，生理学的指標で測定された情動興奮の程度は，セックスについて考えるようにしたグループと同じくらい高かったのです。つまり，セックスについて考えないよう努力することは，その意図とは裏腹に，セックスについて考えるのと同じほどの情動興奮をもたらすのです。

以上のような心理学実験がもたらした知見に基づいて考えれば，ハラスメント防止研修に出席して，「異性の身体に不用意に触れてはいけない」「卑猥な話題を口にしてはいけない」「学生に性的感情を抱いてはいけない」などと真面目に考えれば考えるほど，逆にそうしたくなる衝動が高まってしまう可能性があるということになる

20：Wegner, D. M.（1989）*White bears and other unwanted thoughts.* The Guilford Press.

でしょう。さまざまな仕事を抱えていて心に余裕のない状態では，さらにその可能性は強まります。

「～をしてはいけない」と脅しながら強く求めるような研修が逆効果をもたらす可能性を示唆する心理学的知見は他にもあります。それはブレーム[21]の心理的リアクタンスの理論です。

心理的リアクタンスとは，他者から何かをするように強く命じられると，人は逆にそれをしたくなくなり，他者から何かをしてはいけないと強く命じられると，人は逆にそれをしたくなるという心理現象です。お母さんが「勉強しなさい」と子どもに命じれば命じるほど，子どもは勉強したくなくなってしまうという場合が，その典型的な例です。もしお母さんが逆に「4時までは絶対に勉強しちゃダメよ」と子どもに強く命じるようにすると，子どもはこっそり4時前に勉強を始めてしまうということが生じやすくなるのです。

カウンセリングにおいても，実際，心理的リアクタンスの現象を踏まえて相手に関わることはよくあります。「やる気が出ないんです」と言っている学生に，「そんなこと言わないでやってみなよ」などと言っても，なかなか動き出すものではありません。むしろ「ふーん，やる気が出ないの。それで何か問題なの？」といぶかしがって見せたり，「やる気なんて出ないよね」と同調して見せたり，「まあ2～3年ぐらい様子を見てみようか」などと学生以上にのんびり構えて見せたりすると，学生は「何をのんきなこと言ってるんですか！　やる気を出さなくちゃ，ダメでしょう！」と力説し始めるのです。

実際，「こういうことをしたらハラスメントになります」といっ

21：Brehm, J. W.（1966）*A theory of psychological reactance*. New York; Academic Press.

た内容ばかりを次々に提示するような研修では，受講者から「どこまでだったらやってもいいんですか？」という問いが引き出されることがあります。もちろん，手を挙げてあからさまにそう訊く人はいません。けれども，受講者の中からヒソヒソと漏れ聞こえる声の中に，そういう問いが聞こえてくることがあります。こうした問いを生む心の動きには，心理的リアクタンスの現象が含まれているものと考えられます。

5 肯定文で価値を記述する

以上に述べてきたように，目標の達成を円滑に導くためには，「～しない」という否定文の記述よりも，「～しよう」という肯定文の記述を心がけた方がずっといいのです。

さらに言うと，ハラスメントを予防する上で最大限に有用な目標は，単に肯定文の目標であるだけでなく，それ以上のものであることが望まれます。肯定文の目標でも，あまりコミットできないような空虚な目標では有効だとは言えません。「学生を人間として尊重する」とか「学生や他の教職員に愛情をもって接する」とかいった目標は，確かに肯定文の目標です。けれども，もしそれが単に知的に考えられただけのものであれば，ハラスメントの予防においてさほど有効には働かないでしょう。

ハラスメントの予防において意味がある目標は，あなたの心の奥底からわき起こってくるパーソナルな価値に，あなたを接触させるような言葉である必要があります。それは次のような問いに答えるものです。

あなたは，この１回限りの人生を，どのように人と関わって生きていきたいのでしょうか？　あなたがいつか亡くなるときを想像してみてください。そして，まさにこの世を去ろうとする瞬間に，これまでの人生をふり返ります。そのとき，あなたが「いい人生だった」「満足な人生だった」と言えるためには，今，どのように学生や周りの教職員と関わることが必要でしょうか？

こうした問いへの答えこそ，人との関わりの中で，あなたが実現したいと心の奥深くで願っている価値を表現したものです。

価値は，あなたの人生を導く羅針盤です。不幸なことに，多くの人が自分の心の奥深くに存在する価値の感覚に対して，注意を向けることなく日々を過ごしています。そうして，貴重な人生の時間を，価値の感覚から遮断されたまま，過ごしてしまいます。こうした生き方は，ハラスメントへの誘惑に対する抵抗力を低下させてしまうばかりか，人生の質を著しく低下させてしまいます。人生の質は，社会的に成功しているかどうかとはあまり関係ありません。経済的に豊かであるかどうかともあまり関係ありません。たとえ社会的に高い地位にあり，経済的にも豊かであっても，心の奥深くから発する価値の感覚に対して閉ざされたまま生きているなら，その人は自分の人生にどこか空しさを感じているはずです。

あなたは，心の奥底にどのような価値を感じるでしょうか。それを言葉にすることは，それとの接触を促進し，それとのつながりを強める助けになります。あなたが深く内省し，自らの心の奥底にある価値の感覚を探究していけば，幅広い範囲にわたる多様な価値を見出すことでしょう。知的好奇心を追求してワクワクして生きたいというのも，価値のひとつでしょう。社会問題に取り組み，苦しんでいる人たちと共に歩みたいという価値に気づく人もいるでしょう。芸術的なものを創造したり，心ゆくまで味わったりしたいという価値を見出す人もいるでしょう。ハラスメントの予防という現在の文脈で言えば，対人関係の領域における価値が重要です。対人関係の領域において，あなたはどんな価値を実現したいと願っているのでしょうか。

「ハラスメントをしない」という否定文を，「〜しよう」という肯定文の目標，あなたにとってパーソナルな価値を記述したものに書き換えましょう。少し時間を取って，静かに心の中を探索してみてください。価値はアタマで考えるものではありません。心で感じるものです。「親切にしたい」「共に成長したい」「支え，導きたい」「励まして勇気づけたい」。心の中から浮かび上がるイメージや思いに素直になり，ただ受け取りましょう。

それこそが，あなたをハラスメントの誘惑から守る，最も強いシールドなのです[22]。

6 よい実践を讃える

現在の大学の状況では，重大なハラスメントがあった場合には懲戒などの処分が行われます。処分は公表されることもしばしばです。上に述べてきたように，ハラスメント予防研修でも，どのようなことをしたらハラスメントになり，どのような処罰が与えられるかが話題になります。

これに対して，学生に思いやりをもって関わっているケースや，どんな場合でも分け隔てなく公平に接しているケース，パフォーマンスの悪い学生を励まし勇気づけているケースなど，ハラスメントの対極にあるような「よき実践」については，とりたてて注目されることがあまりありません。「悪しき実践」はことさらに注目され，

22：価値との接触による行動の制御については，次の文献を参照のこと。坂野朝子・武藤崇（2012）「価値」の機能とは何か：実証に基づく価値研究についての展望　『心理学研究』第2巻，第1号，69-80.；ハリス，R.（2009/2012）『よくわかるACT』　星和書店

公表され，伝えられますが，「よき実践」はスルーされ，埋もれています。このことは，ハラスメントの予防という観点からすれば，とても具合が悪いことです。

このことに関連して，ひとつ興味深い実話[23]を紹介しておきたいと思います。それは，青少年の犯罪や非行の防止に関して，カナダの騎馬警察隊の隊長，ウォード・クラッパムが行った仕事です。

2011年にクラッパムが騎馬警察隊の隊長に就任したとき，彼の管轄下の街では青少年の犯罪が多発していたそうです。彼の部下の警官たちは青少年の犯罪や非行を見つけて取り締まるという，伝統的な方法でこの問題に取り組んでいました。

クラッパムは部下の警官たちに，こうした伝統的な取り締まりに代わって新しい創造的な対応策を提案しました。それが「ポジティブ・チケット」と呼ばれる方法です。

ポジティブ・チケットとは，悪いことをした少年に与えられるチケット（違反切符）ではなく，いいことをした少年に与えられるチケット（善行切符）です。警官はよい行いをしている少年を見つけ出すよう心がけ，その少年にチケットを切って渡すのです。

賢明にもトラブルから身を遠ざけている非行予備軍の少年，きちんとヘルメットをかぶってバイクに乗っている少年，通りでタバコを吸わず，悪態をつかない少女たちなどがその対象です。ポジティブ・チケットには「あなたはよい行いをしたので逮捕されました！」と書いてあります。地元企業や自治体の協力により，チケットはピザや携帯ミュージックプレーヤーなど，さまざまな景品と引き換えられます。レストランでの食事や，映画館やテーマパークへの入場にも使えます。

23：コヴィー，S. R.・イングランド，B. (2011/2012)『第３の案：成功者の選択』キングベアー出版

クラッパム率いる警官隊が1年間に発行したポジティブ・チケットは4万枚に上ったそうです。その数は違反者への出頭通告の3倍です。この取り組みによって，青少年の再犯率は60%から8%へと低下し，犯罪の数は全体で40%減少し，青少年による犯罪は半減したのです。また，青少年犯罪者1人当たりに要する費用も，10年間で約10分の1（約2,200カナダドル→約250カナダドル）にまで減少しました。

何より，警察とコミュニティの青少年との関係が変化したのです。警官のひとりはこう言っています。「嬉しいことに，駐車場のパトカーに大勢の子どもたちが集まってきます。私の姿を見て逃げ出すのではなく，駆け寄ってくるのです」。

ハラスメントの問題についても，これと同じことが言えるでしょう。ハラスメントに注目し，研修したり，処分したりすることはもちろん必要です。しかしそれだけでは予防にはなりません。ハラスメントの対極にあるよい実践，価値ある実践を明瞭化し，それに注目し，サポートし，育んでいくことが必要です。

残念なことに，大学では，採用，昇進，昇給などの機会において，研究業績が圧倒的に重視されます。教育実践の質についてはただ付加的にのみ評価される程度であるのが実情です。いくらよい実践をしていてもあまり大きく取り上げられず，学生を怒鳴りながらでも研究業績を上げれば高く評価されるのであれば，ハラスメントは起こりやすくなってしまうでしょう。

7 自分のこととして捉える

声に出して答える必要はありませんし，誰に言う必要もありません。あなた自身のためにあなたの心に問うてみて欲しいのです。ただ自分に正直に自らをふり返ってみましょう。「あなたはハラスメントをしてしまいそうだと思ったことがありますか？」。つまり，ハラスメント的な行為へと駆り立てる衝動を自分の中に感じたことがあるでしょうか？

「ない」と答えた人は，ハラスメントを自分とは違う，どこかの誰かの問題として捉えているのでしょう。もしかすると，ハラスメントをするのは特別で異常な「悪人」だと捉えてさえいるのかもしれません。もしそうだとしたら，それは危険な捉え方だと思います。

そもそも，ハラスメントをしている人の多くは，自分の行為をハラスメントだとは認識していません。たとえば，性的な冗談のような環境型セクハラをする人も，それを挨拶代わりだとか，会話の潤滑油だとか考えているものです。成績判定で脅しながらデートを求めるような対価型セクハラをする人も，それを対等な恋愛だと考えているものです。日常的に長時間にわたって学生を怒鳴りつけることでアカハラを訴えられた教員も，自分は厳しい指導をしているだけだと考えているものです。

ハラスメントをしてしまいそうだと思ったことがあると答えた人は，むしろハラスメントについて，良質の自己認識ができている人でしょう。こういう人はハラスメントを自分のこととして考えています。自分の中のハラスメントをしてしまう自分に対して気づきを持ち，そこに不安を抱くことは，健全なことであり，強さの表れです。そういう認識を持っている人は，しっかりと自己を制御しようと努力するのです。

実際，ハラスメントの加害者とされ，処分を受けた人も，たいていの場合，根っからの悪人でも，性格異常者でもありません。「ごく普通の人」という印象を与える人たちです。あなたや私とも何ら変わりのない，どこにでもいるような人たちです。次章において紹介するジンバルドーの監獄実験でも，アブグレイブ刑務所の事件でも，ルワンダの虐殺でも[24]，虐待的行為に走った人たちは取り立てて変わった人たちだったわけではなく，ごく普通の人たちだったのです。自分もまた加害者になりうる人間なのだという認識を持っていることが大切です。その認識を欠くことは，無防備であり，危険です。

8 ハラスメントに気づいたとき

身近な誰かがハラスメントを受けていると思える事態に気がついたとき，その人はどうしたらいいのでしょうか？　何に注意したらいいのでしょうか？　こうした話題も，ハラスメント予防の研修で求められるポイントのひとつです。

身近なところで誰かがハラスメントの被害に遭っているのではないかと思ったら，まずは被害を受けていると思える人に，そのことを伝え，思いや考え，気持ちを十分に聴きましょう。そして可能な限り，その人の自己決定を尊重しましょう。

被害を受けている人をサポートすることが第一です。それとともに，その人のプライバシーを守ることも大切です。その人の思いに反して，その人から聞いた話を周りの人に漏らさないことです。あなたの意見を伝えることも有用ですが，できる限り被害を受けている人の自己決定を尊重しましょう。あなたがその人の自己決定に最大限に影響を与えるうえでも，その人の自己決定を尊重する姿勢を持つことが重要なのです。

しばしば，周りで見ている人の感覚と，被害を受けている本人の

24：1994年に起きたルワンダの内紛では，フツ族がツチ族を大量に虐殺しました。その虐殺の多くは訓練された軍人によるものではなく，一般市民によるものでした。

感覚との間にはギャップがあります。本人の方が，その問題をはっきりハラスメントとして取り上げることに慎重であることが多いです。周りで見ている人は，しばしばそのことにいらだち，被害者を追い立てたり，非難するメッセージを発したりしがちです。被害者をサポートするのには，根気が要ります。短気で性急な正義感が暴走しないよう，抑制することが必要です。

ときに被害者から相談を受けた人が，そのことを自分ひとりで抱えていることができずに，被害者の意志を確かめることなく，勝手に加害者に注意しに行ったり，加害者に対して監督責任のある権威者のところに話を持ち込んだりすることがあります。こうした動きは，被害者の立ち直りを助けるどころか，逆に無力感を強めてしまうことさえあります。話を聞いた人たちがめいめいに勝手な動きを始めると，混乱が生じ，収拾がつかなくなります。こうした事態は被害者をとても傷つけます。

しかしながら，どうしても被害者が適切な窓口に相談に行くことや，適切な権威者に相談に行くことを拒否し続け，そのことが事態をさらに悪化させているように見える場合，相談を受けた人は，被害者の意図に反してでも，積極的な行動に出なければならないこともあります。その場合にも，事前に被害者に自分の考えを知らせ，同意を得る努力を尽くしましょう。しかし最終的には自分の責任で判断することが必要です。被害者の自己決定を尊重することは大切ですが，絶対的なものではありません。被害者の意志を絶対的に尊重するという美名の下に，自分なりの判断を放棄することになってもいけないのです。

被害者の自己決定を尊重することと，被害者を動かしてハラスメントの事態を公のコミュニケーションの俎上に載せること，さらには被害者の意図に反してでも事態を公のコミュニケーションの俎上に載せること，これらの要請はしばしば内部対立します。そのジレンマを抱えながら，全体を見据えてバランス感のある判断を下していくことが必要なのです。

9 ハラスメントと厳しい指導

学生からのアカデミック・ハラスメントの訴えの中に，指導の仕方が不合理に厳しすぎるという訴えがしばしばあります。またアカデミック・ハラスメントを訴えられた教員からも「厳しい指導の範囲のつもりだった」という言い訳が聞かれることもよくあります。

アカデミック・ハラスメントと捉えられるような不適切で行きすぎた指導と，厳しいけれども合理的な指導との境界線はどこにあるのでしょうか？　こうした疑問もよく研修会で問われます。それについて考えてみましょう。

ここでは，便宜上，指導の内容そのものは適切であり，学生にも納得されるようなものであることを前提とします。問題になっているのは，指導の内容ではなく，あくまで指導の方法であるという場合について考えます。

人間には感情がありますし，相手に真剣に関わっていればいるほど，感情が動くものです。思ったような反応が返ってこなければ，思わずカッとなることもあるでしょう。学生にしっかり学んで欲しいと期待すればするほど，熱が入り，我を忘れて叱ることもあるかもしれません。実験などで危険なことをしている学生がいれば，即座に怒鳴りつけることが必要な場合もあるでしょう。

厳しいことを言ったり怒ったりすること，あるいは怒鳴ることでさえ，すべてダメだというわけではありません。逆に，学生が実験手続き上の危険な過ちを繰り返していても，遠まわしで穏やかな注意しか与えられないのであれば，その学生は危険にさらされることになります。

感情，特に怒りやイライラの感情をすべて排除し，いつも理性的に淡々と伝えるのは，とうてい，よい教育であるとは言えません。教育には熱が必要です。ただし，それをどう表現するかには工夫が要るでしょう。不必要に怒りをぶつければ，アカハラだと受け取られてしまいかねません。

一方で，最近，学生からアカハラだと言われることを恐れて，厳しい指導を避ける傾向が教員の間に強まっているように感じられます。これは一種の事なかれ主義であり，教育の質の低下を招きます。「アカハラになるから」というセリフを逃げ口上にして，問題行動を示している学生への指導を避ける教員もいます。こうした姿勢は，決してハラスメントについて理解があることを示すものではありません。

指導がアカハラなのか，厳しいながらも適切な指導なのかは，基本的には，問題とされている指導の仕方が教育目的に照らして合理的であるかどうかの問題です。アカハラと見なされうる指導には，表 5-1 のようなものがあります。

こうした言動は，アカハラになるというだけでなく，効果的な教

表 5-1　アカハラと見なされうる教員の言動

- 身体的な暴力
- 大声で罵倒する，机を叩くなど威嚇的な行為
- 大勢の前で注意する（内容による）
- 長時間立たせるなどの身体的苦痛を与える
- 身体的に危険を感じさせるような言動
- 学位・単位認定の権限を濫用して脅かす発言
- 人格を傷つけるような発言など不適切な発言

育方法ではないという面でも問題です。扱っている内容が知的に複雑であればあるほど，情動興奮はその理解を妨害します。いたずらに情動を喚起しない方が教育効果は高まるでしょう。また教育・研究の場で不安や恐怖や不満などの感情を何度も体験すると，条件づけ学習によって，その場に対してこうした否定的な感情が連合するようになります。そうなると，その場に近づくこと自体を避けたいという動機が高まってしまいます。こうした条件づけ学習は，認知的なプロセスとは無関係に生じます。学生から「本来，研究は好きなはずなんだけれども，なぜか研究室に行きたくない」といった訴えを聞くことがありますが，その背景にはこのような条件づけ学習があるのかもしれません。教員は，こうした条件づけ学習の効果についても理解し，教育・指導の効果を総合的に考えなければなりません。

それでは，アカハラだと見なされてしまうことを避けるために，どんな工夫ができるでしょうか。表 5-2 に挙げてみました。

具体的な行動や内容に焦点を絞ります。「あなたはこういう実験

表 5-2　アカハラを避ける指導上の工夫

・具体的な行動や内容に焦点を絞る。
・人格や性格を否定しない。
・感情的にならず，穏やかな声で伝える。
・褒められる点の指摘や，気づかいを伝えるところから入ることが望ましい。
・繰り返しを避ける。
・個人に関わる重要なことがらは，みんなの前ではなく，個別に話す。
・どこがいけないかだけでなく，どのように改善すればよいかを伝える。
・改善に向けて実現可能な目標を示し励ます。
・どのように伝わったか確認する。
・本人がどうなりたいのか，何を目標にしているのかをよく聴く。
・少しでも実際に改善が見られたら，そのことを指摘し，褒める。

の仕方をしています。それはこういう理由でよくないんです。だからこうすることが必要なんです」というようにです。まずは，相手も認識できる客観的で具体的な事実を指摘し，共有することが大事です。その上で，何がどう問題なのかの理由を説明するのです。「だいたい君は性格が雑なんだ」などと一般的な性格傾向を問題にしたり，「文章に勢いがない」「何かが足りない」「つまらない」などといった抽象的な批判に終始したりすることは避けます。こうしたことを言われても，学生はどうしていいかわかりません。また，今現在問題になっていることがらから離れて「あのときもああだった，このときもこうだった」などと過去のことがらを持ち出すことも避けます。たとえそれらが事実であるとしても，同様の過去のエピソードをいくつも指摘して責め立てることは，かえって変化への希望を挫き，無力感を募らせるだけです。

指導とは，目標を定めてそれに向けて学生を応援する行為ですから，相手を怯えさせたり，怖がらせたり，不安に陥れたりすることはなるべく避けます。学生が指導によって怯えたり，怖がったり，不安になったりすることは，指導の効果を損ないます。内心では腹が立っていても，穏やかに伝えるよう努めます。まず自分が怒っていることに気づき，深呼吸するなり，肩の力を抜くなり，その場をいったん離れるなりして，気持ちを落ち着けます。指導の内容の正しさ，適切さではなく，その指導をする際の声の質に注意を払いましょう。いくら内容が正しく適切であっても，その声がいらだちや怒りや侮蔑を伝えるものであれば，指導の効果は損なわれます。

また，批判を伝える際には，それに先立ってまず良い点を指摘して認めることが有用です。プロスポーツの世界でも，優れたコーチは，試合でボロ負けしたときにも，その反省会では何が良くなかったかを反省する前に，まずその試合の中で何がうまくできていたかを話し合うそうです。肯定的な面をしっかりと認識することが，否定的な面を受け止めるための足場を築くことになるのです。できていることが認識できなければ，自信を持つことができません。そして自信のない人ほど，自分の否定的な面を正面から受け止めることができません。その結果，ますますうまくいかなくなっていくのです。

同じことをくどくど繰り返して言わず，むしろ大事なことは１回だけしか言わないぐらいの方が効果的です。頭ではわかっていても，できないということもあります。わかっていることを何度も言われることは，志気を挫きます。何度か言ってもできないのであれば，なぜできないのかを一緒に考えようと提案し，何が原因なのかを探ります。なぜできないのかの説明を学生自身に求めても，まず有用な答えは返ってこないでしょう。学生がなぜできないのかを解明し，的を射た指導ができるのが有能な教育者です。

学生の進路や成績評価などに関わる重要な事柄は，デリケートな個人情報に関わることですから，静かなところで個別に話すべきです。みんなの前で話したり，他のメンバーに聴かれるような状況で話したりすることは控えます。人は誰でもメンツを守りたいものです。メンツを潰されることはとても大きな傷つきになります。

注意するときには，どこがいけないかだけでなく，どのように改善すればよいかを伝えましょう。避けるべきことを指摘するだけではなく，向かうべき方向性を示すのです。目標は肯定文で記述することが大切です。またその目標は，実現可能なものであることが必要です。もし学生が実現可能だとは信じていないようなら，その目標に向かう途上の中間目標をいくつか示しましょう。学生が実現可能だと信じられる小さな目標を掲げることが大切です。相手を非難したり，否定したり，怒りをぶつけたりする姿勢ではなく，目標に向かって一緒に頑張っていこうと励ます姿勢で話すことが，学生のやる気を高めます。

一通りメッセージを伝えたら，どのように学生に伝わったかを確認しましょう。つまり，学生がどのように理解し，それについてどんな思いがあるのかを聞くのです。何かうまくいっていない場合でも，学生には学生なりの考えがあることが普通ですし，教員の指導についてさまざまに思うところがあるものです。自分の言いたいことを言って終わるのではなく，学生の考えを聞きましょう。忙しいかもしれませんが，結局は報われるはずです。教育とは，本来，手間暇のかかるものなのです。

指導においては，本人自身がどうなりたいのか，何を目標にしているのかをよく聴きましょう。学生本人の目標を知らずして，適切な指導はできません。教員が目指して欲しいと思っている目標と，学生自身の掲げている目標がずれていることもよくあります。お互いを尊重しながら，妥協点を見出しましょう。

指導した後は，指導した点に関してその学生の取り組みをよく観察します。そして少しでも実際に改善が見られたら，そのことを指摘し，褒めることが大切です。指導者がよく観察していて，小さな進歩に敏感に気づいてくれることが，学生のやる気を高め，進歩を促進します。いくら的確な指導でも，言いっぱなしで放っておくなら，学生はなかなか伸びません。小さな進歩には自分では気づかないものです。実際には少しずつよくなっていっているのに，学生自身は自分が進歩しているのかどうか確信が持てず，やる気を失ってしまうことも多いのです。

以上のような点を意識して指導すれば，たとえ厳しく指導しても，アカハラだと受け取られる危険性はかなり抑えられると思います。

6章　権力を自覚し，使い方を考える

ハラスメントは権力を背景として起きます。それゆえ，ハラスメント予防研修においては，権力についての考察が含められることが望ましいと言えるでしょう。人は自分に及ぶ他人の権力には非常に敏感ですが，自分が他人に及ぼしている権力については無自覚なものです。自分たちが持っている権力についてあらためて自覚し，その適切な使い方を考えることが，ハラスメントを予防するために重要なのです。

1　スタンフォード監獄実験

ハラスメントの問題の背景には，権力の不当な行使が含まれています。前にも述べましたが，ここで言う権力には，教員と学生，教授と助教といった関係に見られるような，制度上の権力だけでなく，多数派と少数派，知識を持つ者と持たない者といった実際上のパワーも含めて，相手に当人が望まないことをさせるのを可能にする力のことです。

ハラスメントの問題に権力が含まれていることから，ハラスメントの予防のためには，権力というものについて，深く理解していくことが必要です。特に，健全で適切な権力の用い方とその範囲について，そして権力の濫用について理解していくことが大切です。

権力の問題を考えるとき，1971年にフィリップ・ジンバルドーが行ったスタンフォード監獄実験[25]は重要な示唆を与えてくれます。

ジンバルドーは，大学の一角に，実際の刑務所に近い設備を作りました。そして，新聞広告などによって，ごく普通の若者を70人集めました。その中から21人を被験者として選び，ランダムに11人を看守役に，10人を囚人役に振り分けて，それぞれの役割を演じさせたのです。

実験の1日目は穏やかに過ぎました。しかし実験2日目には，早くも事件が発生しました。看守役は誰に指示されたわけでもなく，自ら囚人役に罰を与え始めたのです。囚人らは監獄内で看守に対して些細なことでいらだちはじめ，やがて暴動を起こします。すると看守は囚人に向けて消火器を発射して怯ませ，その隙に監獄内に突入しました。そして，囚人全員を裸にした上で，暴動を主導した人物らを独房へと送ったのです。

その後，看守は態度の悪い者に体罰（腕立て伏せなど）を科したり，一部の囚人の入浴を禁止したり，監房内のバケツに排尿・排便させたり，といった嫌がらせをするようになりました。看守らはバケツの中の汚物を捨てることを拒否し，囚人らにさらにいっそうのストレスを与えさえしました。ときには全員の前で，ある囚人を裸にし，滑稽な真似をするよう命じて恥をかかせたり，夜には監視カメラを切って虐待を加えたりしました。

こうした中，囚人役の被験者は次々に精神的に不調をきたして実験から離脱したのです。この実験は，当初2週間行われる予定でしたが，6日で中止されました。

なお，この実験を題材として2つの映画が作成されています。2002年に公開されたドイツ映画の『エス』と，2010年に公開されたアメリカ映画の『エクスペリメント』です。興味のある方はご覧

25：ジンバルドー，P.（2007/2015）『ルシファーエフェクト：ふつうの人が悪魔にかわるとき』 海と月社

になってみてください。

念のために付け加えておきますと，ジンバルドーの実験の倫理性については，当然，多くの議論がなされてきました。ジンバルドーは，実験終了から約 10 年間，それぞれの被験者をカウンセリングし続け，現在では後遺症が残っている者はいないと述べています。

この実験が示唆しているのは，看守の任務や収容者の権利について何らの研修も受けていない人が権力を持つと，その権力はきわめて容易に濫用されうるということです。この実験の看守役と囚人役はランダムに振り分けられたのであり，看守役の若者が決して特別にサディスティックだったわけではありません。ごく普通の若者が，何らの研修もなく権力を手にしたことから，権力の暗黒面に引き込まれてしまい，誰に命じられたわけでもなく相手の人間性を踏みにじるようになってしまったのです。

多くの人が指摘していることですが，この実験は，現実の刑務所で起きていることの再現ではありません。現実の刑務所では看守がこのようにあからさまに暴力的になることはないからです。現実の刑務所では，看守はその仕事について研修を受け，自らの権限の範囲についてしっかり認識しています。そのような研修がなかったことが，この実験結果をもたらしたのです。

2 アブグレイブ刑務所

ジンバルドーの監獄実験は，恐ろしいことに，約 30 年後，現実世界における事件として再現されました。5 章でも触れた，アメリカ兵によるイラクのアブグレイブ刑務所での収容者虐待事件がそれです。

2003 年に始まったイラク戦争では，フセイン大統領（当時）も大量破壊兵器も見つからず，アメリカ軍は重要な情報を得るために，情報を持っているとおぼしき者を「治安上の拘束者」として捕まえ，アブグレイブ刑務所に送っていました。

そこで看守をしていたのは憲兵隊の隊員でした。憲兵隊は，看守としての任務に当たることは極めて稀で，その任務に関して何の研修も受けていません。隊員の多くは何をどうしたらいいのかわからないまま看守となりました。

それに加えて，現場には軍の尋問官と民間の軍事会社の尋問員とがいて，それぞれ勝手に尋問を行うようになっていき，命令系統にも混乱が生じていたといいます。また，そこでは収容者を痛めつけてでも，とにかく情報を引き出さなければならないという考えが支配的だったのです。

こうした状況下で憲兵隊員たちは収容者に虐待行為をし始め，次第にエスカレートさせていきました。 彼らが面白おかしく撮っていた写真が流出したために，この事件は世界の知るところとなったのです。

この事件でも，何らの訓練も受けていない人が権力を握りました。そして次第に相手の人格を踏みにじる行為に至ってしまったのです。先の監獄実験の看守役と同様，アブグレイブ刑務所で虐待行為に及んだ７人の隊員たちもまた，どこにでもいるごく普通のアメリカ人の男女だったのです。決してもともと粗暴な人物だったわけではありません。

これらの実験や事件は，権力には暗黒面があり，それを使いこなすための十分な備えがなければ，とても危険なものだということを示唆しています。監視の目が行き届かない状況ではなおさらです。権力を持つ者には，その権力の適切な行使の仕方や，適切な範囲について，そして相手の権利について，十分な認識をもたらす研修が必要です。

しかしながら，現在，大学教員は，自らが持つ権力の適切な行使の仕方やその範囲，学生が有している権利について，何らの研修を受けることもなく，その地位に就きます。大学教員になるに当たっては，教育学も，教育心理学も，科学的な教授法も，学ぶ必要はありませんし，その機会も与えられていません。小・中・高校の教員になるためには，教職免許を取る中で，これらの科目は必須なのです。FD 研修でこうした内容がなされることもありますが，とうてい十分とは言えません。この研修の欠如ないし不足が，ハラスメントをもたらす重要な要因になっていると思います。

その上，大学の専門課程においては，研究室の独立性が高く，第三者の目が行き届きません。権力の適切な用い方についての研修の欠如と，監視の行き届かない環境。大学はアブグレイブ刑務所の事件からもっと学ぶ必要があるでしょう。

3 普通の人が悪人にもヒーローにも傍観者にもなりうる

ジンバルドーの監獄実験においても，アブグレイブ刑務所事件においても，そこで不当に権力を行使して収容者の人権を侵害した加害者たちは，サディストやサイコパスなどと呼ばれるような異常性格者などでは決してなく，ごく普通の人たちでした。

ハラスメントは，特別な悪人だけがするものではありません。誰でもが加害者になりえます。また，ハラスメントは，特別な問題を抱えた人だけに降りかかるものでもありません。誰もが被害者になりえます。

さらには，ハラスメントの事態に直接・間接に接して，そのことを口にすることができる人もまた，特別なヒーローだというわけではありません。重大な事件において，最初にそれを問題として取り上げた人も，たいていはごく普通の人です。こういう状況では，自分には無理だ，普通の人にはできない，特別に勇気がある人にしかできない，といった考えは，気分を楽にしてくれるかもしれません。しかし残念ながら，それは事実ではありません。2014年にノーベル平和賞を最年少受賞したマララ・ユスフザイさんはいいお手本でしょう。何らの力も後ろ盾もないティーンエイジャーの少女が，テロリストの暴力を正面から取り上げ，はっきり「ノー」と言ったのです。

つまりは，現場に居合わせる事態は，あなたに無関心な傍観者になる道，加害者に荷担する悪人になる道，ヒーローになる道という3つの道を用意する機会なのです[26]。言わば，声を上げられるかどうかというチャレンジを課され，どうするかが問われている舞台なのです。人生は，何の前触れもなしに，理由さえ告げないで，人をその舞台に投げ込みます。ですから，日頃から，いつその舞台に投げ込まれても対応できるよう，訓練しておく必要があるのです。自分を，いつ呼ばれてもいいように，日々，訓練しながら待機しているヒーローだとイメージしてみてもいいでしょう。コミュニティにそうした小さなヒーローが増えれば増えるほど，ハラスメントは生じにくくなります。

26：このような考え方は，ジンバルドーの以下の著書から学んだものです。ジンバルドー，P. (2007/2015)『ルシファーエフェクト：ふつうの人が悪魔にかわるとき』 海と月社

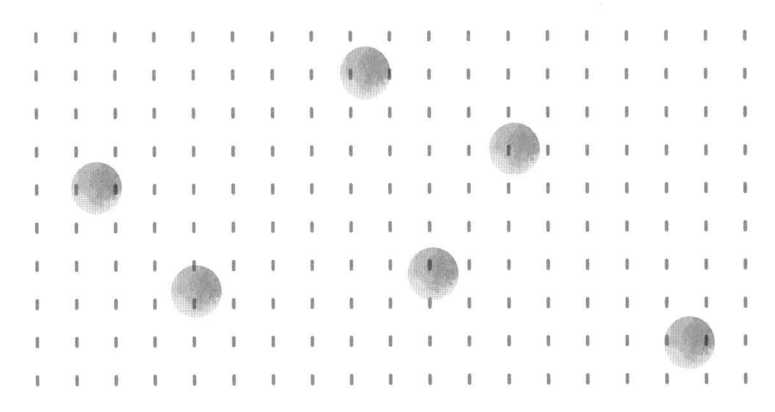

3部 ハラスメントの相談

3部のテーマは，ハラスメントの相談です。私自身が心理カウンセラーであり，ハラスメント相談員として，日々，相談を受けているので，このテーマについて論じたいことはたくさんあります。ただし，あまり専門的な細かい議論に入り込みすぎないように，一般の大学構成員の方々にもわかりやすいようにと心がけながら，最も必要な話題に絞ってお話したいと思います。

以下においては，ハラスメント相談窓口での相談を想定して，相談する人を「相談者」，相談を受ける人を「相談員」と表記しています。ただし「相談員」という表記は便宜上のことです。ハラスメントの相談は，相談員ではない周囲の人が受けることもあるでしょう。とりわけ管理・監督的な立場にある教員であれば，学生や部下に当たる教職員から相談を受けることがしばしばあるでしょう。そうした場面では，以下の「相談員」を，「相談を受ける人」と読み替えていただければと思います。

7章　ハラスメント相談の基本

本章ではハラスメント相談の基本的な考え方を述べます。ハラスメント相談はどういう相談なのか，どういう考え方で臨むべきなのか，といったことについて，ポイントを示したいと思います。ほとんどのケースにおいて，相談員の仕事は，ただ単にハラスメント申し立て手続きを受け付ける事務仕事に留まるものではありません。その仕事は，繊細な感受性と思いやり，そして実際的な判断力を必要とする対人援助の仕事なのです。

1　相談の焦点

ネット上のある人生相談のコーナーに，職場におけるいじめの悩みが寄せられていました。上司から1年以上にわたって無視されており，職務上必要な情報も伝えてもらえない状況になっているという内容でした。相談者はどうやら「人間関係からの切り離し」のハラスメントに遭っているものと推測されます。これに対して回答者は，相談者が上司に対して不満を抱いているのだとしても，上司に変化を求めるのであれば，まず自分から変化することが大事だと強調し，上司が自分にどういう変化を求めているのかを尋ねてみて，それに添う行動を取るよう努力してみてはどうだろうかとアドバイスしていました。

人生相談としては，こういうアドバイスもありえるのかもしれません。また，こういうアドバイスが問題の解決ないし緩和につながることもあるのかもしれません。そうした可能性もゼロではないでしょう。けれども，私にはこのアドバイスは的を射ているとも，有用であるとも思えません。これではいじめられている人に，君にも悪いところがある，がんばって直せば，相手はきっといじめなくなるよ，と諭しているのと同じです。いじめられている人に，相手にどうすればいじめをやめてくれるのかを尋ね，それに合わせて変わらなきゃいけないと言っているのと同じです。上司のしていることは指導や教育ではないのです。いじめなのです。他の何よりも，そのことをまず認識するべきだと思います。上司の側がしていることに焦点を当てるのです。それがハラスメント相談の基本です。

この相談はネット上の人生相談に持ち込まれたものでしたが，もし同じ相談が職場のハラスメント相談窓口や，無視している上司に対して管理監督責任のある役職者への相談であったなら，こうした対応は非常に不適切であると言えます。

仮に相談者の側に上司から見て問題と判断されるような職務上の問題があったとしても，そしてその判断が適切なものであったとしても，その指導のために「無視」は必要でもなければ，効果的でもなく，合理性を欠いています。その上司からも事情を聞いた上で，もしそれが事実であるならば，注意喚起と指導が必要です。場合によっては処分を検討する必要があるかもしれません。

ハラスメントを受けている人の側にも問題が認められる場合もあるでしょうが，だからといって周りの人が何をしてもいいということにはなりません。ハラスメント相談の第一の焦点は，当然のことながら，ハラスメント問題にあります。ハラスメント問題に関係して，相談者自身の問題が見えてくることがあったとしても，そちらを第一の焦点にすべきではありません。あくまでハラスメント問題を最優先にして焦点づけます。もし相談者の側にも何らかの問題があると判断された場合には，それはまた別の問題として別のところで扱うか，扱うにしても副次的な位置づけで扱うことが必要です。

特に，心理カウンセリング（心理療法）を学んだ人が相談員をしている場合，相談者の心理状態や性格傾向，対人関係のパターンなどへの注意が優先されがちになってしまうことがよくあります。そうなると，結果的に，相談者の生活環境における加害者の言動，それに対する相談者の言動，両者の相互作用の状況といったことへの注目が二の次になってしまいます。たとえば，ハラスメントを受けて憂うつになっているという話を聴いたときに，ハラスメントとされている現実の出来事の詳細を聞き取り，ハラスメントの可能性を評価することよりも，憂うつという心理的な症状のセラピーをする方向に向かいがちだということです。こうした対応はもちろん相談者にとって有用な面もあるでしょうが，「共感的な傾聴」にせよ「認知の再構成」にせよ，相談者への心理的セラピーに終始してしまうなら，そして現実の職場におけるハラスメントの事態の事実確認やそれに対する対応の検討が不十分になってしまうなら，ハラスメント相談としては不適切です。

さらに言えば，こうした対応は実は心理カウンセリングとしても不適切だと思います。相談者の憂うつが現在の職場環境によって引き起こされているものであるならば，職場環境をそのままにして相談者の憂うつを改善することは原理的に不可能だからです。人の外的現実的環境と内的主観的状態とは相互に密接な影響関係にあります。相談者の生活環境が変わらないままで，内的主観的状態だけを変えることなどできません。もちろん，相談者の内的主観的状態を変化させることから出発して，相談者の行動を変化させ，最終的に生活環境に変化を及ばせるという考え方もありえるでしょう。けれどもハラスメントの状況においては，この方針は失敗に終わることが普通です。相談者にさらによけいな苦痛を与える結果に終わることさえあるでしょう。

ハラスメントに起因する心理的問題は，基本的にハラスメントの問題そのものへの取り組みによって解決ないし緩和されるものです。決してその逆ではありません。しかし，心理カウンセリングや心理療法の世界では，最近まで長きにわたって，生活環境から切り離された非文脈的な心の理解の仕方がかなり優勢であったため，しばしばこのことがよく理解されておらず，不適切な対応に陥りがちです。これは注意が必要な問題です。

人が生きていく上でどうしても避けられない，ごく当たり前の環境の中で不安や憂うつを感じるのであれば，心理カウンセラーの門を叩き，不安や憂うつを改善するべく取り組むのがよいでしょう。しかし，社会的に見て異常な環境の中では，不安や憂うつを感じるのはむしろ当然です。それは健康な反応なのです。心理カウンセリングを受けてそれらの感情を取り除き，安心や癒やしをもたらすなど，すべきことではありません。それは健康な臓器を手術で取り除くようなものです。

2 相談者本人の側の問題

前節の内容と関連して，相談者本人の側の問題の扱いについて，もう少し考えてみましょう。

相談者が問題としている他者（加害者）の言動を優先的に扱うことを大原則とするにしても，相談者自身の問題を扱わずには前へ進めない場合もあります。たとえば，相談者自身が問題行動をしていて，それに対する教員の指導をハラスメントであると訴えている場合を考えてみましょう。話を聴いていくと，教員の指導に少し行きすぎたところがあったとしても，相談者自身にも問題行動があるとき，公に申し立て手続きを進めていくことが相談者自身にとってダメージとなる場合があります。たとえば，相談者自身の問題が別に取り上げられて，相談者自身の予想を上回る処罰を受けることになるかもしれません。正式の処罰はなくても，相談者自身の評価にダメージがあるかもしれません。

もちろん，ハラスメントの申し立てをしたこと自体によって不利益な扱いをすることは許されないことです。けれども，ハラスメントの申し立ての中で明らかになる申し立て人（相談者）の現実の問題行動が，申し立て人の評価を下げることは妨げることができません。ハラスメント相談にやってくる相談者の中には，自分自身の行動の問題性について自覚が乏しく，自滅的な申し立てへと自覚なしに突き進もうとする人もいないとは言えません。

こうした場合，相談者自身の利益を考えれば，申し立て手続きに進んだ場合にどんなことが生じうるかについて，現実的な可能性を知らせておくことが必要です。そうして，予想される事態について十分な情報を踏まえた上で，どう進めるのかを選択してもらうことが必要です。

こうした手続きは，ハラスメントの申し立てを思いとどまらせるための，ブラックな技術として濫用される危険性があります。けれども，その危険性があるからと言って，自滅的な道に無自覚に進んでいこうとする人を，そうと知りながら看過するわけにはいきません。そんなことをするのは，ハラスメント相談員として無責任だと思います。相談者には，相談者自身の利益に関して，できるだけ行き届いた現実的見通しを与えられることが必要です。そのとき，その上でどうするかを決める自由が相談者に保証されていることが重要です。この自由が相談者に保証されている限り，申し立てをすることに伴う不利益についての情報を与えられることは，申し立てをやめさせようとする圧力とは言えません。

相談者に精神障害があると推測される場合にも，やはり，相談者の問題を考慮せずに相談を進めるわけにはいかないでしょう。

精神障害を抱える人がハラスメントの被害に遭うことはあります。ですから，精神障害を抱える人が，ハラスメントについて相談することもあれば，申し立ての手続きをして調査を求めることもあるでしょう。しかし，ハラスメントの相談は，そしてとりわけハラスメントの調査は，相談者にかなりの精神的負荷をかけます。精神障害を悪化させてしまう危険性もあります。やはり相談者の利益を考えれば，そのことに注意を喚起しておく必要があるでしょう。場合によっては，家族に相談することを勧めたり，主治医に相談することを勧めたりする必要があるかもしれません。

もちろん，精神障害があるからというだけの理由で，相談者のハラスメントの申し立てを受け付けないのは不当なことです。最終的には，相談者がこうしたことを検討した上でやはり申し立てを希望するのなら，それを受け付け，調査を行うことが必要です。

3 ハラスメント相談ですること

ハラスメント相談では何をするのでしょうか？　言い換えれば，ハラスメント相談ではどのような課題に取り組むのでしょうか？　何がうまくできたら，ハラスメント相談がうまくできたと言えるのでしょうか？　こうしたことを考えてみましょう。ここではあまり具体的な相談の技術には入り込まず，主に考え方を論じます。具体的な相談の技術については９章で説明します。

(1) 信頼感のある面接構造をつくる

まず大切な課題は，信頼感，安心感のある面接の枠組みを作ることです。最初の出会いの瞬間から，相談者との信頼関係を形成し，維持することに努めます。相談員は，最初に自分の名前や立場をはっきり伝えることが大切です。自分の役割や権限の範囲などを説明することが必要かもしれません。これらは相談者が何をどこまで話すかを決めるための重要な情報ですから，最初に知らせておく必要があります。おおよその相談の時間を伝えておくことも役に立つでしょう。このような手続きによって，信頼感のある面接構造を作り出すことが大切です。

(2) 受容的・共感的に話を聴く

その上で，相談者の話を受容的，共感的に傾聴します。必要な情報をただ一方的に聞き出すような取り調べの態度は不適切です。相談者は容疑者ではないのですし，相談員には捜査権はないのです。相談者は不安，恐れ，傷つき，悲しみ，恥，怒り，無力感といった感情を強く抱えていることが普通です。事実関係の情報を得ようとあせらず，相談者が今ここで感じている気持ちのありようにも注意を向けます。相談者の気持ちを感じ取るように話を聴きます。今ここで話している相談者を感情面でサポートすることが，必要な情報を得る上でも非常に重要なのです。最も重要な情報は，相談者にとって最も恥ずかしく，最も話すのに勇気の要る情報であることが多いのです。相談者がそれを話す気になるかどうかが，必要な情報を得られるかどうかの分かれ道です。相談者がその挑戦を乗り越えられるかどうかは，目の前の相談員からどれだけのサポートが得られているかに依存します。

(3) 必要な情報を引き出し，整理する

そうやって相談者の話を傾聴しながら，必要な情報を引き出します。必要な情報の中でも重要なのは，加害者とされている人の言動であり，そうした言動が起きる状況であり，その前後の経緯です。客観的な事実をできるだけ具体的に引き出し，時系列で整理していきます。

相談者が加害者とされる人のその言動に関して，どのように感じ，どのように対応してきたのか，ということも大事な情報です。ハラスメントの多くは，唐突に一方的に生じるものではなく，時間をかけた相互的な反応のやり取りの中で発展してくるものだからです。

相談者がどのように対応してきたかを明確にしていく上で重要なポイントは，相談者が，自分は不快に感じていること，ハラスメントではないかと感じていること，その言動をやめて欲しいと思っていることを，はっきり相手に知らせたことがあるかどうか，という点です。相手が相談者のそうした感じ方や思いを知ってなお，その言動をやめないのか，それとも相手は相談者の感じ方や思いを理解していない可能性もあるのかは，非常に重要なポイントです。また，これまでに他の誰かに相談したことがあるか，相談したことがあるとすれば，どのような効果が得られたか，についても訊いておきましょう。

(4) 必要な情報を与える

相談員は，相談者の求めに応じて，ハラスメント問題に関する大学組織の制度などをしっかりと説明します。相談者はしばしば混乱しており，複雑な制度をすぐには理解できない状態にあるかもしれません。繰り返し丁寧に説明しましょう。そういうときに手渡せる資料があれば，役に立つでしょう。

(5) 対応策を一緒に検討する

ハラスメントの問題に対する対処方法は，何もハラスメントに関して組織が定めた制度に則って調査・調停をする道筋だけではありません。その相手に対して管理監督責任，指導責任のある人に相談し，しかるべく指導してもらうという線もありえます。他にも，その相手に対して個人的に強い影響力を持つ人物がわかっていて，その人物と接触できる可能性があるのなら，その人を通して状況の改善を図るという線もあるでしょう。相談者が調査を希望していても，証拠となる資料が不足しているなら，申し立てをして調査を依頼する前に，まず証拠集めをする必要があるかもしれません。

相談者がこれまでにしてきた対処を踏まえて，現状で取り得る対応策について，一緒に知恵を絞り，考えます。こうして検討した結果，やはり組織の手続きに則ってハラスメントの公式の申し立て手続きを取るのがよさそうだということになれば，そのように進めます。

(6) 相談者の希望を訊く

その問題について，相談者がどうしたいのか，また大学組織にどうしてほしいのかを尋ねます。規程に則って手続きを進め，調査委員会を開いて，調査を行い，相手を処罰して欲しいのでしょうか？

調査の上，必要な対応が取られるようには望んでいるが，相手の処罰までは望んでいないのでしょうか？　それともそこまではっきりとは思いが固まっておらず，相談しながら決めていきたいという状態なのでしょうか？　相談は，相談者の希望を尊重しながら進める必要があります。

(7) 今後の見通しについて知らせる

今後の見通しを，わかっている範囲でなるべく詳しく伝えます。

相談者は相談した後，今後，どうなっていくのだろうかと不安になりがちです。見通しを伝えておくことで，少しでも安心できるようサポートします。相談者が調査を希望するのであれば，調査担当者から連絡が入ることになるでしょう。いつごろ，どういう人から連絡が入るという見通しを伝えます。相談を継続するのであれば，次回の面接の日時を決めておきましょう。

(8) 取り組みの全過程を通して相談者をサポートする

相談は1回で終わることもあるでしょう。相談員に事情を話し，気持ちの整理をするとともに一緒に対応を考えてみて，自分なりに取り組んでみるという結論で終わるような場合です。しかし，相談はもっと長く続くこともよくあります。

迷い，悩んで，何度も相談を重ねた上で，ようやく制度上のハラスメント申し立て手続きをするステップに進めるようになる人もあります。申し立てをしてから調査が開始されるまでの間，相談者の不安は高まります。相手はいつ自分がハラスメント申し立てをしたことを知るのだろう，報復されないだろうか，いつ調査が始まるのだろう，調査委員会のメンバーは公平に扱ってくれるだろうか，などなどの思いで，不安な日々を送ります。この間，気持ちの上での支えを求めて，あるいは，こうした状況下でどう過ごすべきかのアドバイスを求めて，さらにはこの間の相手方の動きに対する対応を考えるために，相談者はさらに継続的に相談を求めることもよくあります。

調査の過程でも，調査委員からの質問を受けて，あるいは，調査に対する相手の陳述を知らされて，相談者は動揺したり，精神的なダメージを受けたりします。このときにも，相談者は相談を求めてくることがよくあります。

最終的に調査を踏まえて組織としての判断が下されたとき，それを受けとめていくためにも相談が必要になることはしばしばあります。たとえその結果が相談者の期待する通りだったとしても，必ずしも気持ちがすっきり晴れるとは限りません。この時点で，さまざまな思いが湧き起こることはよくあります。相談者の期待とは異なる結果が出された場合，当然のことながらその結果を受けとめる仕事は，相談者にとってかなりの労力が要るものです。相談員はその仕事を支えます。

周囲の人の多くは，組織として会議を開いて判断し，その最終結果を双方に伝えたとき，ハラスメントの問題はこれで終わったと考えます。しかし相談者の心理面にとっては，まったくこれで終わりではないことが普通です。この時点で，相談者と周囲の関係者との間のギャップは最大になることが多いと言えます。結果の受けとめという作業は，ハラスメント相談にとって重要な要素となることが多いです。

最後に，いずれにせよ，相談を終えるという仕事があります。ハラスメントの問題への取り組みを終わりにし，日常生活に戻っていくという仕事です。結果に納得できても，十分に納得できなくても，ハラスメント問題への取り組みという仕事に区切りを付け，実際上，終わりにするのです。取り組みが長期に及んでいればいるほど，その仕事は大きなものとなるでしょう。

このようにして相談員はハラスメント問題への取り組みの全過程を通して，相談者をサポートし，生産的な意志決定を促進します。

(9) ハラスメントの出来事を肯定的で積極的な自叙伝的ストーリーに組み込む

被害を受けたと感じている人は，被害の実際上の不利益に加えて，被害の体験を通して，自分を無力であると感じていたり，自分はダメな人間，愛される価値のない人間だと感じていたり，自分は世界から歓迎されていないと感じていたりするものです。ハラスメント相談は，単に被害の実際上の不利益を解消すればよいというものではなく，自己や世界についての相談者のこうした感覚を修正するという目標を含むものであるべきだと思います。

ハラスメントの状況によっては，相談者が，人生の自叙伝的なストーリーからその出来事を排除してしまいたいという思いを抱いても当然です。そういう思いも尊重する必要がありますし，それもひとつの対処の仕方ではあります。けれども，相談者はこうした思いに駆り立てられながらも，それと同時に，「なぜ私はこんな目に遭わなければならなかったのか？」という問いを果てしなく問い続けてもいるものです。人間には，人生上の出来事を個人的に意味づけし，肯定的で積極的な自叙伝的ストーリーに組み込みたいという欲求があります。ハラスメント相談には，そうした相談者の欲求に応え，相談者を深いレベルでエンパワーしていくという要素もあると思います。

以上，ハラスメント相談ですることを，便宜的に番号を打って整理してみました。必ずこの順番で行うという意味ではありません。おおむねこのように進むことが多いとは思いますが，順番が前後することもあるでしょう。また2番に挙げた「受容的・共感的に話を聴く」は，相談の全過程を通して必要とされることです。

このことに関して少し補足しておきます。全過程を通して，相談は受容的な雰囲気で行われるのが原則です。もちろん，相談の内容によっては，あまりに一方的な訴えだったり，あまりに感情的な話し方だったり，現実感に欠ける疑わしい内容だったりすることもあるでしょう。それでもなお，相談者が何らかの傷つきや怒りや被害感情を抱いていることは確かでしょう。その感情を感じ取るように話を聴き，「とても傷ついたんですね」「怒りが収まらなくて，困ってしまうんですね」などと返していると，相手は次第に落ち着いてくることが多いものです。批判的，非難的に応じれば，相手の訴えはさらにエスカレートし，感情はヒートアップし，ますます荒唐無稽になっていきがちです。感情そのものは嘘ではありません。現実にまったくそぐわない，不釣り合いな感情だと思えるような感情でさえ，嘘ではないのです。

感情は激しくとも，証拠が乏しい訴えであれば，どこかの時点で，「訴えの内容についての証拠が乏しければ，ハラスメントを申し立てても，残念ながら何もできないこともしばしばある」と説明する必要があるでしょう。このことと，受容的な雰囲気とが両立不可能というわけではありません。ここで言う受容とは，相手の言うことをすべて正しいと認めることではなく，相手の存在を受け容れるということです。これは話の内容とは別次元のことです。

その意味では，相談員は，場面が変われば，加害者とされた人物をも受容します。その人物の話を傾聴し，その人物の成長をサポートする役割を担うこともあるかもしれません。もちろん，同じ相談員が，同一のケースの被害者と加害者の両方に会うことは避けますので，ここで言っているのは加害者全般のことです。加害者を受容するというのは，加害者の加害的な言動を肯定するという意味ではないのです。

相談員は，さしあたり相談者を支え，相談者のために相談の仕事をするのですが，それは，より大きな社会，ないし「社会の公正さ」に奉仕する仕事の一部である必要があります。「社会の公正さ」は（加害者をも含めて）その社会に所属するすべてのメンバーのためになるものです。相談員はその価値を信奉し，その価値の実現のために働くのです。かわいそうな被害者を救済し，憎むべき加害者をやっつけるという，同情的な心情のために働くわけではありません。

4 ハラスメント相談でしてはいけないこと

前節では，ハラスメント相談ですることを述べました。では逆に，ハラスメントの相談を受けたとき，してはいけないことは何でしょうか？

(1) 相談者自身の問題に優先的に焦点づける

相談者の話を聴いていると，相談者本人に問題があるように見えることもあるでしょう。相談者の努力が足りない，不注意だ，だらしない，などです。相談者がそういうふうだと，相手が腹を立ててきつく当たっても仕方がないと思えるかもしれません。しばしば，ハラスメントの相談を受けた相談員は，相談者の話の中に描かれた加害者の問題よりも，目の前の相談者の問題に注意を奪われます。

まず考えて欲しいのは，相談者は，ハラスメントを受けて混乱し，参っているからこそ，相談に来たということです。相談者の機能水準は普段よりも低下していて当然です。目の前の相談者が，てきぱき説明できない，合理性に欠ける，感情に溺れている，などのように見えるとしても，それはハラスメントの原因であるよりも，結果である可能性があります。

相談者は現に目の前にいて，加害者とされる人物は相談者の話の中に（しばしば混乱した話の中に）描かれているだけですから，どうしても相談者の方に注意が向かいがちになるというのは理解できます。けれども，だからこそ相談員は，このバイアスを意図的に乗り越える必要があるのです。

本章の最初にも述べましたが，ハラスメント相談における第一の焦点は，加害者側の言動にあります。たとえ加害者とされている人物の言動が，相談者の側の何らか問題を孕んだ言動によって誘発されているように見える場合でも，加害者とされている人物の言動が，相談者の側の問題を孕んだ言動に対する対応として適切な範囲のものであったかどうかが問題にされるのです。もちろん，これは相談者の側の問題は不問にされるということではありません。それは別に扱われるべきだということです。

極端な例として，相談者の側がなぐりかかったために，加害者とされる人物がやむなく突き飛ばしたというような場合を考えてみましょう。ハラスメント相談は，それが正当防衛として適切な範囲だったかどうかがまず問題にされるべき相談だということです。これは相談者の側がまずなぐりかかったという問題が不問にされるべきだという意味では決してありません。それは別に扱う問題だということです。加害者とされる人物の言動にしっかり注目し，検討する以前に，まず相談者自身の問題だけが取り上げられることは，ハラスメント相談の文脈では不適切なのです。しかしこれはしばしば起きがちな問題です。

(2) 相談者の訴えの重大性を否定する

ハラスメントの悩みを相談した人は，しばしば，「考えすぎだよ」「気にしすぎだよ」「そんなことぐらいで大騒ぎするなよ」など，自分の訴えが不当に小さく見積もられた反応に出会います。

ハラスメントの問題には，しばしば大きなグレーゾーンがあります。またハラスメントに関する人々の感受性は，この数十年で大きく変わってきましたし，今もなお変わりつつあります。ハラスメントと言えるかどうかは，誰かひとりが判断できるものではありません。あまり自分の判断力を過信しないことが重要なのです。相談者から話を聞いて，相談者の感受性が標準から偏っていると感じた場合でも，ともかくは相談者がそう感じて苦しんでいるという，ありのままの事実に注目します。ハラスメントであるかどうかの判断は複数のメンバーから成る調査委員や人権委員の合議に委ね，ひとまず相手の訴えを受けとめます。

もちろん，調査されてもハラスメントとはとうてい判断されそうにないと思える訴えに対して，相談員があまりに同情的・同調的な反応を返すべきではありません。しかし，少なくとも頭ごなしに「考えすぎ」「気にしすぎ」「騒ぎすぎ」などの反応を返すべきではないということです。

(3) 自分の考えを押しつける

ハラスメントの相談を受けると，話を聞いた相談員の方が，相談者以上に正義感に燃え，加害者とされた人に対する憤りに駆られるようになることがあります。こうした場合，相談者がハラスメントとして申し立て手続きに進むかどうか躊躇していると，相談員はその相談者に対してイライラしがちです。

このとき，そのイライラを相談者にぶつけ，「絶対に申し立てをするべきだ」「申し立てを迷うなんて，あなたはおかしい」などと，自分の考えを相談者に押しつけてしまいたくなるかもしれません。しかしそれはダメです。相談員は，自分の考えは脇に置き，あくまで相談者のペースに合わせて歩み，相談者の自己決定を尊重する必要があります。相談者が申し立てはしないと決めるなら，いくら納得できないと思ったとしても，それを押しつけてはいけません。

もちろん，逆の考えでも同じです。相談者が，大学に対して公式のハラスメント申し立てをしたいと決めれば，いくらそれを納得できないと思ったとしても，相談者の意志を尊重します。

相談員は，相談者の話を聴き，迷いに付き添い，恐れを受け入れ，さまざまな要素を一緒に考慮しながら，相談者が自己決定していくことを援助するのです。自分が正しいと思う考えを押しつけることは，相談者の自己決定にとって妨げでしかありません。もちろん，相談者がやるべきことを前に怖がって尻込みしているときに，勇気づけることが必要なことはあるでしょう。勇気を持って取り組むことが，結局は相談者が社会的な名誉とともに自尊心をも回復することになるだろうと見通せるとき，相談員はその方向性を指し示し，一歩を踏み出すよう働きかけるものです。それは押しつけではありません。もしそれが相談者にとって押しつけと感じられるようなものであったとすれば，その援助は失敗なのです。

このとき，相談員の仕事は，相談者自身が自己決定するための選択肢を拡張することです。相談者が恐いと感じ，踏み出せないと感じていて，今はその可能性さえ否定しているけれども，潜在的に有望な選択肢があるのなら，それを明確に取り上げます。そして相談者がそれを落ち着いてじっくり吟味できるよう援助するのです。

(4)　非現実的な期待を膨らませる

ハラスメント相談にやってくる相談者は，被害の体験に苛まれ，この状況に強力に介入して自分を救済して欲しい，そして加害者を厳しく処罰して欲しい，といった強い期待を持っていることもしばしばです。誰にも知られず，匿名で相談し，自分が相談したとは気づかれないようなやり方で，加害者を懲戒免職にして欲しいなどという，落ち着いて考えれば現実不可能な希望をあからさまに述べる人もいます。

非現実的な期待は，実のところ強烈な絶望の裏返しであり，その底には現実的で妥協的な解決の拒否という，非受容の心理があります。非現実的な期待には，しがみつけばしがみつくほど，よけいに苦しくなるという性質があります。こういう場合，本人も，どこかでうすうすは無理だとわかっていながら，現実を受け入れることができず，苦しんでいることが多いと思います。

相談員は，相談を聴く中で，相談者を救ってあげたい，楽にしてあげたいと願うあまり，非現実的な期待を抱かせたり，強めたりしないよう，注意する必要があります。相談者の話だけを聞いて「これは間違いなくハラスメントです」「懲戒処分になってもおかしくない」などと安易に言うことは禁物です。ハラスメントかどうかや，どの程度の処罰が相当かといったことは，被害者と加害者の双方，そして必要に応じて関係者の話も聞いた上で，複数の人間の話し合いで判断するものです。安易な言葉は，非現実的な期待を誘導し，結局は落胆させてしまいます。このことは，相談者の負担を不必要に大きくさせてしまうだけなのです。

(5) 不用意に動いて秘密を漏らす

世間は狭いものです。加害者とされた人物は相談員の身近な人であることもしばしばでしょう。そうであればあるほど，相談員にはさまざまな気持ちが掻き立てられるはずです。その人物を許せないという気持ちになるかもしれませんし，何とか事を丸く収めてその人物をかばいたいという気持ちかもしれません。いずれにせよ，こうした相談を受けると，その問題が身近で起きていればいるほど，人はその問題に直接的に関与したくなるものです。誰かに話したくなったり，誰かに相談したくなったり，誰かに事情を聞きたくなることもあるでしょう。

たとえ善意からであったとしても，不用意に動くことは禁物です。相談内容そのものは話さなかったとしても，加害者とされた人物に警戒されてしまうかもしれません。相談員が相談した相手が安易な好奇心から，さらに他の誰かに何かを聞き出そうと動き始めるかもしれません。こうした予想外の連鎖によって，事実上，相談の秘密が漏れてしまうことになりかねません。

相談員は制度上の手続き通りに，然るべき人物に報告したり相談したりし，よけいな動きはしないことです。どうしてもそれが難しいほど関係者が身近すぎる場合には，それがわかった時点で相談者にそれを告げ，担当をはずしてもらうようにしましょう。その場合でも，そこまで聞いた内容について秘密を守ることは当然です。

5 ハラスメント相談それ自体の援助効果

ハラスメント相談において相談者は，組織の権力でもって，加害者とされる人物の言動に介入し，現実的な環境改善を行ってほしいと願って相談に来ます。つまり相談の結果としての現実的環境への介入の効果を期待しているのです。とはいえ，ハラスメント相談には，こうした現実的環境への介入の効果とは別に，それ自体で心理援助としての効果もあります。

恐かったこと，つらかったこと，腹が立ったこと，そうした強い感情を帯びた出来事をあらためて振り返り，時系列に沿って整理してみることで，事態に対する客観的な視点が強められ，気持ちも整理されます。

　恐い，苦しい，腹立たしいといった強い感情を帯びた体験を安心できる場で制御感をもって語ることは，そうした感情とのつきあい方にとっても助けになるでしょう。感情を抑え込むのではなく，表現することで，自分が何を感じていたのかがあらためて自覚されます。このことは相談者の自己の感覚を生き生きと明瞭にさせ，自己の中核的な部分とのつながりを回復させます。

　もちろんこれは，そうした体験を語りたいという自然な気持ちがあることが前提です。無理をして話すことは勧められません。話したい気持ちがないときには，話さないでいられることこそが必要です。その意味では，相談員には根気強さが必要です。

　ハラスメントの相談は，もちろん被害を受けた人の話を聞き，その人を実際的に援助するためになされるものです。だからこそ相談員は事実関係を明らかにしようとも考えるのです。事実関係が把握できなければ，然るべき制度を用いてその人の環境を改善することも困難になるからです。しかし，だからと言って相談者が話せる，話したいと感じている以上のペースで細かな事実関係を性急に聞き出そうとすると，結局は相談者を援助する目的に反する結果がもたらされます。相談者はむしろしんどくなってしまい，心理状態が悪化することさえあるかもしれません。ここにハラスメント相談が，より大きく言えばハラスメント対策全体が抱える，避けがたいジレンマがあります。

　これと関連して，ハラスメント相談窓口に相談し，大学の調査委員による調査を受けることにした人が，相談や調査の過程で最初よりも心理状態が悪化していくこともありえます。安心感や制御感が十分に持てない中で，何があったのかを回想し，詳細に話すことを求められれば，そうしたことが起こりがちです。

相談場面で，相談者が安心して制御感を持って被害体験を語ることを促進しましょう。そのときには，強い感情が表出されても穏やかに受け容れ，それを促進していきます。相談者も，そしてときには聴き手の相談員も，泣いてもいいのです。行動として暴力的になることは抑えますが，怒りの感情を表現してもいいのです。感情を切り離して淡々と事実を話しても，心が軽くなるとは言えません。

特に男性には，文化的傾向として，人前で悲しみを表すのは弱い人間のすることだと見なす人が多いようです。感情は不合理なものだから価値がなく，合理的に考えて行動することこそ価値あることだという考えもしばしば見受けられます。けれども，心理学的には，あらゆる感情には適応的な機能があると考えられています。強い悲しみは，それだけ失った対象が大切だったことを教えてくれます。またそれは，心が失った対象との新しい関係を作りつつあることの現れでもあります。強い怒りは，困難に立ち向かう強さをもたらしてくれます。

つらい体験を人に話すことは，その体験と向き合うことであり，その体験が引き起こした感情に触れていくことです。またそれは，聞いてくれる人とつながることでもあります。被害体験による心身の不調からの回復過程においては，こうした体験を感情に触れながらありのままに語ることが助けになります。

6 心理カウンセリングとハラスメント相談

前にも少し述べましたが，ここでさらに詳しく心理カウンセリングとハラスメント相談との関係について検討しておきたいと思います。というのも，現状においては，ハラスメント相談に携わっている相談員には，心理カウンセリングないし心理療法の訓練を受けた専門家ないし準専門家がかなり含まれているからです。

伝統的で古典的な心理カウンセリングの見方に立てば，ハラスメント相談は心理カウンセリングではなく，心理カウンセリングとは一線を画した特殊な相談ということになるのかもしれません。けれども，私はそのようなシャープな区別は不適切だと考えています。それらは確かに同じものではないにせよ，単に異質なもの，別種のものでもなく，かなりの程度，連続したもの，重なり合うものとして捉えられる必要があると考えています。

もちろん，心理カウンセリングとハラスメント相談とは同じではありません。両者にははっきりと異なっている面も確かにあります。

そもそも，心理カウンセリングは，苦悩を抱え，問題を呈している個人を治療することを目標としています。その個人の心の変化を目標としています。とりわけ伝統的で古典的な心理カウンセリングでは，上述のように，そうした心の変化は相談者の現在の生活環境から独立して生じうると考えられています。そのため，相談者の現在の生活環境にあまり積極的な注意を払いません。相談者が生活環境における他者からの被害について話しても，カウンセラーは相談者の捉え方を支持することも，反論することもせず，できる限り中立的であろうと努力するのです。

これに対して，ハラスメント相談における相談者は，苦悩を抱え，ときに問題をも抱えながらも，自らが変化することを第一に求めているわけではありません。相談者が第一に求めているのは，現在の生活環境における特定の人物の行動の変化です。相談者はその人物の行動こそが相談者に苦痛や苦悩をもたらしている原因だと考えているからです。この訴えの性質自体が，すでに伝統的な心理カウンセリングが目指している方向性とは一致しません。

またハラスメント相談は，調査，判定，処遇といった一連のプロセスと結びついたものです。調査，判定，処遇の主体は相談者と申し立てられた加害者が所属する組織における権威であり，そこには権力が伴います。相談者は自分ひとりの力では対処できないと感じ，所属する組織の権威の力に解決のための助けを求めているのです。ハラスメント相談は，主として，このような訴えをサポートする相談です。このような点でも，ハラスメント相談は，心理カウンセリングとは確かに異なっています。

このように，ハラスメント相談と心理カウンセリングには重要な違いがいくつもあります。しかしながら，この後の議論で明らかになるように，ハラスメント相談と心理カウンセリングとの間にかなり共通する部分，重なる部分もあります。ハラスメント相談は，ハラスメントの問題に焦点づける，生活環境における加害者の問題に第一に焦点づける相談であるとはいえ，やはりなお相談者の苦悩が緩和ないし解消されることを目指して行われる相談です。相談者の心理状態や，相談者の性格傾向，対人パターンなどをきめ細かく捉え，サポートしながら進めなければ，この相談はうまくいきません。そもそも，相談者の話を受容的，共感的に傾聴できなければ，率直でリアルな話は出てきません。ハラスメント相談においては，相談者の複雑な心の揺れをセンシティブに感受し，受けとめ，支えていくことが必要です。相談のプロセスにおける相談者のさまざまな葛藤を解きほぐしながら，理解を深めつつ一歩一歩進むことを促すことが必要です。このような面接の技術は，心理カウンセリングの技術に他なりません。

8章　相談者の心理

本章では，ハラスメント相談にやってくる相談者の心理について考えます。相談者はどのような心理状態であることが多いのでしょうか？　ハラスメントを受けると，どのような心理状態に陥りやすいのでしょうか？　またハラスメントの相談や調査など，ハラスメントへの取り組みが長引くと，どのような心理が生まれやすいのでしょうか？　本章ではこういった問題に取り組みます。

1 葛　藤

ハラスメント相談における相談者は，誰かが自分をいじめるという悩みで相談に来るわけです。とはいえ，多くの相談者はこうした訴えに際してかなりの葛藤を示します。相談者は，自らが苦悩を抱えていることについては一貫していますが，その苦悩の原因についてはかなり複雑な思いを抱いているものです。

最初からはっきりハラスメントだと訴えて来談した場合でさえ，対話を進めていると「これはハラスメントなのでしょうか？」と，揺らぎを見せることもよくあります。多くの人はあからさまに迷いながら相談を始めます。「ハラスメントじゃないかと思ってとりあえず相談に来てみました。どうなんでしょうか？」と自信なさげに尋ねるような人が多いです。「相手が悪いのか，それとも自分が悪いのか」と，果てしなく自問した挙げ句に，ようやく相談に踏み切ったというようなケースもしばしばあります。

相談員からするとシンプルに被害者だと見える場合でも，「私は被害を受けました」と単純に言えず，複雑な思いに絡め取られている相談者がしばしばいます。たとえば，相談員からするとシンプルに被害者だと見える場面で，「私が悪いんです，私がいけなかったんです」と強く主張してくることがあるのです。あるいは，逆に，相談員からするとさほどシンプルに被害者だとは見えない場面において，相談者が「私は被害者です」と強弁してくるように感じられることもあります。

こうした場合，相談員は，背後にある葛藤を探り，そこに働いている心の動きを相談者とともに理解していきながら，加害－被害の現実を見極めていくことが必要です。この作業は細やかな心理的技術を必要とするものです。

2 ハラスメントについての社会的認識の求め

当然のことながら，相談に訪れた時点でなおハラスメントの渦中にいる相談者は，組織の権威によって実際的な救済措置がなされることを求めています。しかし，そうした救済措置も，苦しみの理解によって裏付けられたものであるときに初めて，相談者を心理的に助けるものとなるでしょう。たとえ救済措置が実際上の被害を停止させたとしても，相談者のその苦しみがハラスメントによってもたらされたものだという社会的な認識を伴わないのなら，せっかくの救済措置も相談者の心理的な傷つきを回復させる助けとはなりにくいでしょう。

もちろんハラスメント相談は，通常，ハラスメントの認定をする場ではありません。ハラスメントの認定は，あくまで調査委員会や人権委員会が行うことです。ハラスメント相談における相談員は，ハラスメントの調査や認定には直接的には関わらないことが普通です。相談者には，ハラスメントかどうかの認定は，組織が定める制度に則って行われること，つまりは調査委員会や人権委員会に委ねられることを説明し，その手続きに入るかどうかを尋ねます。相談員が関与するのはそこまでです。

それでもなお，相談員は，相談者が，自分の苦しみを理解されたい，被害を受けたと社会的に認められたいと願って相談に来ているのだということを理解している必要があります。相談者は，自らの体験した出来事が社会的にどのように意味づけられるかを問題にする構えを持って相談に来ているのです。そして，相談者は，相談員を，社会を代表する存在と見なし，相談員の反応を敏感にうかがいながら話しているのです。相談者やその家族にとって，相談員の反応は，社会的な意味を持っています。相談者やその家族は，面接中の相談員の反応から，相談者が大学に行けないのは，指導教員のハラスメントのせいなのか，ただ甘えているだけなのか，病気なのか，といったことを敏感に読み取ろうとします。相談員がいかに言葉を選んで中立的であろうとしても，相談者やその家族は，相談員の態度や表情や言葉の綾や声のトーンなどから，こうした意味づけを読み取ります。いくら相談員がそのような役割を拒否したいと願ったとしても，そこから自由になることは決してできないのです。

3 恥辱感と抱え込み

さまざまなアンケート調査によれば，ハラスメントを受けたと感じたとき，相手にはっきり伝えるなり，誰かに相談するなり，何らかのアクションを起こす人は，むしろ少数派です。多くの人がそれを誰にも相談せず，抱え込んでしまうのです。

実際，ハラスメント相談ではない通常の学生相談において，学生の悩みを聞いているとき，脇道に逸れるような形でふと研究室のことが話題になり，そこでハラスメントが強く疑われるような内容が語られることもあります。相談が深まって初めて被害体験が語られることがあるのです。それほどハラスメントの被害は人に話しにくく，埋もれてしまいやすいものなのです。

ハラスメントの被害は，それ自体が屈辱的なものとして意味づけられがちです。そのため，被害者には，被害を受けていると認識するのを避けようとする心の動きが生じやすいと言えるでしょう。また，もともと自己主張を抑えがちで従順なタイプの人が，そこに強引につけ込むようなタイプの人から被害を受けている場合に，もともとの性格傾向からして，そのことに抗議したりそれを明るみに出して問題化したりするような言動が出てきにくいということもあるかもしれません。

このように，恥辱感を乗り越えて，被害の体験をありのままに被害の体験であると明確に認識することは，それ自体で大きな仕事なのです。自分の体験を被害の体験として認識するかどうかを検討する作業が，ハラスメント相談の最初のステップです。もちろん，被害かどうかは，さほどはっきり白黒つけられないことも多いものです。被害の要素がどれほど含まれているかを整理する作業と言った方がより適切かもしれません。そうした作業の結果，自分の中の不快な体験を，被害であるとも被害ではないともつかない曖昧なものとして，曖昧なままに収めておく選択をする人もしばしばあります。

相談者には，自分の中の体験にあらためて注意を向け，不快な体験に向き合って，それを落ち着いて検討する作業に取り組むことが求められます。これは，相談員のサポートなしでは困難な作業です。相談員は相談者の恥辱感を和らげつつ，その作業へと誘い，その作業を促進するのです。

4 無力感・憤り・自責感

ハラスメント，いじめ，暴力，虐待，犯罪などの人的被害にせよ，地震，津波，台風，火山の噴火などの自然災害による被害にせよ，過失の事故による被害にせよ，被害を受けたと感じている人はしばしば無力感に圧倒されています。被害とは，自分の力の及ばない大きな力によって圧倒され，それに立ち向かおうとしても有効なことができなかったという挫折の体験だとも言えます。

なかでもハラスメントやいじめなどの被害は，相手の意図的な行為によってもたらされたものですから，相手に対する怒り，憤りも強く喚起されがちです。たとえ表立っては怒りや憤りが見られない場合でも，水面下には怒りや憤りが潜んでいるものと想定しておくことが必要でしょう。

また，ハラスメントの被害は，強大な自然の力によって一方的にもたらされるような被害ではなく，日常生活における日々の対人関係の中で生じるものであり，しばしば互いに対する互いの反応によって徐々にエスカレートしてくるような被害です。ですから，もっと有効な対処ができたのではないかとか，自分が悪かったのではないかとかいった自責の念も強くなりがちです。

前に述べたように，ハラスメント相談窓口に訪れる人の多くが，「私は被害を受けました」と揺らぎなくきっぱり言ってくるわけではなく，「ハラスメントなんでしょうか？　それともやっぱり私が悪いんでしょうか？」などと揺らぎながら相談してきます。相手を責める気持ちと，自分を責める気持ちとが，整理がつかないまま入り混じっていることが多いのです。

ハラスメントの被害を人に相談するということ自体が，自分の力で解決できなかったという無力感や自責感をもたらすこともあります。相談者が相談することを「告げ口」「チクリ」などとして捉え，卑怯なことをしていると感じてしまう場合もあります。加害者からそのように考えるように巧みに誘導されていることもあるでしょう。ハラスメントを受ける過程で無力化されてきた被害者にとって，自分で解決するという可能性こそが自尊心の最後の砦となっている場合もあります。その最後の砦を守るために相談を拒否することもよくあることです。

無力感，憤り，自責感。ハラスメントの被害を受けた人は，しばしばそうしたさまざまな激しい感情を，どう表現し，どう対処していったらいいかわからず，混乱して疲弊してしまうのです。

5 PTSD（心的外傷後ストレス障害）

誰でも被害を被れば，無気力に陥ったり，憂うつになったり，胃腸の調子が悪くなったりするものです。ただ一口に被害といっても，その内容，程度，頻度，持続期間などにより，その体験にはかなりの違いがあるでしょうから，そうした条件の違いによって，被害者の体験する不調の程度も異なるでしょう。もちろん，それを受けとめる人の個性によっても，体験は大きく違ってきます。同じ被害を被っても，それをどう受け止め，何を体験するかは，人によってかなり異なるものです。

被害への反応としての無気力，憂うつ感，胃腸障害などの心身の不調は，ハラスメントの問題が解決できれば，時間の経過とともに和らぎ，自然に回復していくことことも多いでしょう。しかしながら，重大で複雑で持続的な被害を被ったとき，心身の不調がなかなか改善しないこともあります。

現在の精神医学の一般的な基準では，被害の出来事が終わってから1か月経っても以下のような症状が改善しないとき，PTSD，すなわち心的外傷後ストレス障害という診断を検討することになっています。深刻な被害を受ければ必ずPTSDになるというわけではありませんが，このようなことが起こることがあると知っておくことで，そういう反応を示している人に敏感に気づくことができるでしょう。

(1) フラッシュバック（侵入的な再体験）

思い出したくないのに，激しい痛みを伴う被害体験の記憶が心に侵入してきて，被害者を苦しめます。たとえば，性暴力の被害を受けた後，他の男性といてもその体験が突然よみがえってきたり，夢の中でそれを再体験したりするなどです。

(2) 麻痺・回避

つらい体験があったはずなのに，その記憶が曖昧である，何も感じない，そのことを話さない，それを思い出させるような場所を回避する，といった反応が生じることがあります。フラッシュバックに見られるような意図せぬ突然の再体験とは逆に，被害の体験が心から閉め出された状態です。これにより，ひとまず仮の安定がもたらされるというのも事実です。このことは短期的には被害者を助ける心の守りとなります。しかし，長く続いてしまうと，被害者の心の柔軟性や行動を狭めてしまう要因ともなりえるでしょう。

(3) 暗く否定的な気分や考え

被害者は，被害の出来事の後，「私はダメな人間だ」「私は壊れてしまった」「誰も信用できない」「私の人生にいいことは何も起こらない」といった否定的な考えや予想に支配されやすくなってしまうことがあります。こうした考えを客観的・理性的に検討し直してしりぞけることができにくくなるのです。またこれと並行して，恐怖，怒り，罪悪感，恥といった否定的な感情にも支配されやすくなってしまうことがあります。

(4) 過覚醒

うまく警戒心を解くことができなくなり，ちょっとした揺れや物音にびくっとするとか，よく眠れないといった過敏な状態が被害者を苦しめます。また，ゆっくり休息することが難しくなり，明けても暮れても研究に没頭するなど，過度に活動的になることもあります。

PTSDのこうした症状にはぴったり当てはまらなくても，重大な被害体験をした人には，これらに近い反応がよく生じます。たとえば，しばしば被害者は，意識的には被害の出来事を思い出したくないと強く願いながらも，どこかで被害体験に関連する兆候を常に積極的に見つけ出そうと努力しているかのように振る舞うことがあります。視界の端にちらりと見えた人影を加害者ではないかと疑ってしまう。道で加害者が乗っていたのと同種の車が走っていたら加害者ではないかと疑ってしまう。電話に出たとたんに電話が切れたなら，加害者からではないかと疑ってしまう。そのような疑いが頭を離れず，加害者の最近の行動ぶりを調べなくては落ち着かなくなってしまう。このように，被害の体験を避けたい，避けたいと強く願いながら，同時に，それとは裏腹に被害の体験を離れることが難しくなり，常に落ち着かない警戒状態が続くのです。

被害者はしばしば，こうした自分の反応に驚き，何とかしようと努力するのですが，その努力がうまくいかず，そのことで不安になり，ひどく自信を喪失していきます。こうした場合，その人は，PTSDの症状を自分がおかしくなってしまった兆候と捉え，そのことに対して不安になりがちです。こうした人にお伝えしたいことは，PTSDの症状は，恐ろしい事態に遭遇して自分がおかしくなってしまった兆候ではなく，日常生活では起動されないけれども，極度に恐ろしい事態に遭遇したときに自らを守るべく起動される心の強力な自己防御プログラムが正常に働いているしるしだということです。

さて，以上のほかにも，不安，うつ，無気力，パニック，問題飲酒，下痢や頭痛などの身体症状，といったさまざまな反応が，被害体験に対する反応として生じることがあります。

客観的に見たときの被害の現実と，被害者の反応とが釣り合わないように見える場合もあるでしょう。現実の出来事と，それに対する主観的反応とは非常に複雑な関係にあります。同じ出来事に対しても，人によってかなり異なった反応が生じるものです。それゆえ，出来事の客観的な深刻度によらず，上に述べたような反応が生じてくることはありえます。被害の現実と被害者の反応とが不釣り合いな場合，精神医学的には単純にPTSDとは診断されないこともあります。しかし，その場合でもやはりそれらの反応は被害体験の影響によるものであるかもしれません。その可能性を吟味してみる必要があるでしょう。

精神医学的な概念としてのPTSDについて簡単に説明してきました。相談者がこのような訴えをする場合には，医師に診てもらうよう勧めましょう。

ハラスメント相談の場面では，このPTSDは特有の難しさをもって現れてくることがあります。PTSDは精神医学上の問題であり，治療すべきものです。しかし，ハラスメント相談の文脈では，やっかいなことに，PTSD は単なる苦痛な症状であるだけでなく，被害の重大性を示す根拠ともなってしまいます。つまり，ハラスメント相談には PTSD の症状を強調するよう誘導する潜在的な構造があるのです。

このことは，相談者の PTSD の訴えが仮病であるとか，誇張であるとかいう意味では決してありません。しかしながら，この状況の下では，PTSD の症状は緩和されにくくなり，継続しやすくなると考えられます。とりわけ，相談者が PTSD を強く訴えなければ真剣に訴えを聞いてもらえないと信じていたり，PTSD を強く訴えることでしか被害を伝えることはできないと信じていたりすると，相談者はどうしても PTSD の症状を強調することになってしまうでしょう。もし単に相談者がそう信じているというだけでなく，事実としてそうであるなら，なおのことです。相談者はちょっとした PTSD の兆候にも敏感になってしまい，それを強く感じ取るようになります。それでは，治るものも治りにくくなります。

このことは相談者の福祉をおおいに引き下げます。そしてそれは相談者のせいではなく，こうした構造のせいなのです。こうしたことを考えても，ハラスメントに対する取り組みはできるだけ短期に終わらせ，このような構造を早く終わらせることが望まれます。

6　被害者アイデンティティ

被害者という立場は，なりたくてなるものではありません。むしろ誰でも一刻も早く脱したい立場でしょう。しかし，ハラスメントの相談から調査の終了に至るプロセスは，早くとも数か月，長ければ年単位の時間がかかることが通例です。それだけ長期にわたってハラスメント相談を受け，調査を受けているうちに，相談者の中で被害者という立場の重要性が増していくとしても，それは理解できることです。そのうちに，相談者の人格において被害者という役割が大きな場所を占めるようになってしまい，被害者アイデンティティを生きるようになってしまうことさえあるかもしれません。

もちろん，ハラスメント相談にとって，このような心理過程が発展することは本意ではありません。相談者も，そうなりたいわけではないはずです。しかし被害者という立場には不思議な魅力があるのも事実です。被害者であることで，注目され，同情され，援助が受けられます。この魅力を簡単にしりぞけられる人など，めったにいません。だからこれはかなりの危険なのです。

ハラスメント問題をできるだけ早期に見出し，短期間で対応を決めていくことは，こうした危険を回避する上でもとても重要です。

9章　ハラスメント相談の技術

この章では，実際にハラスメント相談を行う上での具体的な技術がテーマとなります。実際，どのように話を聞き，どのように質問し，どのように説明するのがよいのかを考えます。

1　基本の傾聴

相談を聴くときの基本的な姿勢について，ごく簡単に紹介します。こうした傾聴の技術については，いくつも他に良書がありますので，より詳しくは他書を参照[27]してください。

傾聴において最も重要なのは，クライエントを受容する姿勢です。しばしば誤解されているようですが，受容は，相手の述べる内容を，何でもその通りに「正しいと認める」ことではありません。相手の言っていることを，ただそうなんだなと，「ありのままに認識する」ことです。その人はそう感じているんだ，そう考えているんだ，そう思ったんだと，ただそのままに受けとめることです。その内容が「正しい」ものであるかどうかは，別の次元の話です。

つまりは，相手の言っていることをありのままに認め，穏やかに受けとめることが出発点だということです。聴き手にこうした態度が乏しければ，話し手が安心して思いを打ち明けることは難しくな

27：よろしければ拙著を参考にしてください。杉原保史（2015）『プロカウンセラーの共感の技術』創元社

ります。それでは，相談によって得られる情報の質が非常に低下してしまいますし，信頼関係も深まっていきません。

相談者の言うことに対して，聞き手として意見を言いたくなったり，間違いを指摘したくなったり，正しい方向に導きたくなったりすることは多いでしょう。しかし，そうした思いはひとまず脇に置きます。いずれ，そうした考えを伝えるべきタイミングがきたときのために，今は脇に置いておきます。言いたくなったときに，即，言うのではなく，まずは話を聴くのです。そのために，今は言いたいことも脇に置いておくことが必要です。抑え込むのでも，我慢するのでもなく，ただそっと脇に置いておくのです。

共感的に聴くことも大事です。単に知的に話の内容を分析するように聞くのではなく，感情面に注意を向け，感じるように聴きます。これは感情に溺れることではありませんし，感情的になることとも違います。話している内容とは別の次元で，話し手が今ここで伝えてくる感情に感受性を差し向け，感じながら話を聴くということです。

このように相談員が受容的・共感的に話を聴くことで，相談者は話しやすく感じるものです。そのことは，相談者が，恥や自責感や不適切感を伴うデリケートな内容を話せるよう促進します。

次に質問の仕方です。最初のうちは，なるべく開かれた質問を用いる方がよいでしょう。「いつ頃ですか？」「どんなふうに？」「そこでどんなことがあったんでしょう？」「そのとき，どう思いましたか？」など，「はい」「いいえ」では答えられない種類の質問です。「あなたはその気持ちを先生に伝えたんですか？」「そのとき，先生は座っていましたか？」「あなたはちゃんとレポートを出したんですか？」などの閉じられた質問（「はい」「いいえ」で答えられる質問）は，おおよその事情が把握できてきて，重要な具体的事実を確認する必要が出てきた段階でよく用います。閉じられた質問は面接の初期には多用しないよう注意して下さい。

閉じられた質問を面接の初期に多用すると，取り調べを受けているような窮屈さを相談者に感じさせる上に，受け身的な姿勢を形成してしまいます。相談者は自ら面接に関与するよりは，受け身的に次の質問を待つようになります。これでは良質の情報は得られません。面接を生産的に運ぶには，相談者自身が積極的に事情を話し，理解を求めて自分の気持ちや考えを訴えるような態度を促進し，育てていくことが大事なのです。そのためには面接の初期において開かれた質問を多く用いることが役に立ちます。

2 客観的事実の確認

ハラスメント相談においては，客観的な事実が非常に重要になります。誰が，いつ，どこで，何をしたのか（言ったのか）ということです。相談は公式の調査ではありませんので，詳しく証拠立てる必要はありませんが，ハラスメントの具体的事実のおおよその輪郭を把握する必要があります。

けれども注意していただきたいのは，事実関係を把握しようと焦りすぎて，取り調べのようになってはいけないということです。事実関係だけに焦点を当てて効率的に質問を繰り出していくと，相談者がうまく話せなくなることもよくあります。

相談者の多くは，ハラスメントについて話すとき，苦しみ，恥，自責感などの感情を激しく掻き立てられるものです。ハラスメントにまつわる話は，時系列が前後し，混乱した形で話されることが普通です。肝心なところが曖昧だったり，大きく省略されていたりしてわかりにくいことが多いです。

相談者に，最初から時系列に沿って理路整然と話すよう求めても，それは無理というものです。まずは混乱した話を混乱したままに話してもらい，そうしながら少しずつ整理していくことが必要です。差しあたりは，つらいことを思い出しながら話すという，ただそのことだけで十分なのです。相談者の中には，相談に来るまで，そのことを思い出さないように，考えないようにしてきた人もいます。メールを消去したり，手紙や写真を棄てたりして，記憶からも抹消しようと努力してきた人もいます。記憶が混乱していても当然なのです。

話す過程を感情面でサポートします。承認的なうなずきとあいづちを返し，穏やかに耳を傾けます。疑問に感じるところがあっても，直ちに問いたださず，一段落ついたところで，一緒に振り返りながら整理していく中ではっきりさせていきましょう。一度に多くを求めず，少しずつ解き明かしていくのです。紙の上に日付を記入し，相談者の話の中の主要なエピソードを時系列に沿って整理していけば，役に立つことが多いでしょう。

相談者の記憶をもとに事実関係を整理していく作業は，相談者と相談員の共同作業です。相談者はそれがひとりではできないから，あるいは難しいから，相談に来たのだと考えてください。

3 感情の受容と整理

相談のひとつの重要な目的は，相談者がハラスメントだと感じている事柄の事実関係の確認をすることです。しかし上にも述べたように，事実関係の確認の作業は，ほぼ間違いなく強烈な感情的負荷を帯びたものであり，その感情の扱い方こそがこの作業の結果を大きく左右する最重要の要素なのです。たとえ一見すると淡々と話しているように見える場合でも，また相談者自身が「私はこの大学のハラスメント対応のシステムについて情報を得たくて来ただけです。心理相談が受けたいわけじゃないんです」などとはっきり述べている場合でも，ハラスメントだと感じられている事柄は，その人にとって強い感情を帯びたものであるはずです。そしてその感情を何とかしたいというニードも，ハラスメント問題に関する相談者のニードの重要な一部のはずなのです。表面に表れていないことは，存在しないことのしるしではなく，むしろ強烈なものが抑えられているしるしであると考えておいた方がよい場合が多いでしょう。

つまり，事実関係を確認する作業は，感情の表出，受容，整理といった作業に支えられて初めて生産的に進むものだということです。ケースによっては，感情の表出，受容，整理の作業こそが初期の面接の目的となることもあるでしょう。ある程度それができて初めて，事実関係が明確になり，対応についての話し合いが可能になってくるのです。

相談者の話に含まれる情緒的なニュアンスに感受性を差し向けましょう。それを感じながら話を聞きます。そうすることによって，面接の雰囲気は，単に事務的・実務的なものであるよりも，自然に情緒的に豊かなものになります。

面接では何を伝えるか，何を尋ねるか，といった内容だけでなく，声のトーン，表情，視線，姿勢など，伝え方やたたずまいのあり方が非常に大事です。柔らかく，温かく，落ち着いたトーンで話すことです。いたわりが伝わるような言い方や表情などが重要です。

相談員がそのような構えを持っていれば，相談者は事情を説明しながら，自然と感情を表現するようになります。そのことは，感情を受け容れ，複雑な感情を整理していくのを助けます。同時に，その出来事を心に収める仕事が進みます。

無理に感情を表出させる必要はありませんし，そうさせるべきでもありません。努力して無理に感情表出すると，たとえそのときはよくても，後でしんどくなったり，不快感が出てきたりしがちです。あくまで相談員の促進的な構えが自然に引き出す範囲にとどめます。

また，事実関係を具体的に尋ねるような質問をしていくと同時に，「そのときどんなふうに感じましたか？」「どんな思いだったんですか？」といった内面を問うような質問も織り交ぜていきましょう。感情や考えなどの内面的な情報を引き出すことで，感情の表出が促進されます。それに加えて，こうした内面的な情報を理解することで，事実関係の流れも理解しやすくなります。客観的な事実と，主観的な体験とは，実際のところそう簡単に区別できるものではありません。客観的な事実をしっかりと話してもらうことと，主観的な体験を生き生きと話してもらうこととは，事実上，1つの作業の2つの側面です。客観的な事実はしっかりと説明されたけれども，何を考え，どう感じていたのかはさっぱりわからないとか，考えや感情はよくわかったけれども，何が起きていたのかはまったくわからない，などということはありえません。ハラスメントのような濃密な対人関係的な事象について，そんなことはありえないのです。そういう場合には，詳しく語られた方の情報も，平板で生彩を欠くものでしかないはずです。

感情の受容と整理を特に促進したいときには，「このことを今，ここで話していて，どんな思いや気持ちが心の中に感じられますか？」「あらためて今，こうして話しながら感じられる思いや気持ちにじっくりと注意を向けてみましょう」「今，話していて，体の感じはどうですか？」などと，話の内容から心や体に感じられている感覚に注意を差し向ける働きかけが有効です。感情は過去の出来事に伴うものであっても常に「今，ここ」で感じられるものですから，今，ここに注意を向けるのです。また感情は体で感じられる感覚ですから，身体感覚に注意を向けるのです。

ゆったりと息を吐いて，深い呼吸をしながら，心と体に感じられることをあらためてじっくり感じてみるようリードすることも助けになります。淡々と事実を説明していた相談者が，このような促しを受けたときふいに涙を見せることもよくあります。深くゆったり呼吸しながら，感じられることを感じられるままに感じるように促します。あふれる涙を抑える必要はないと伝え，感情への接触を助けます。もし相談員の心にも痛みや悲しみが伝わってきたのなら，相談員も涙を流していいのです。ひとつの感情を２人でシェアすることで，つらい感情の重荷が軽減されます。安全で安心できる人間関係の中で，触れ難く遠ざけられてきた感情としっかり接触することは，生き生きした自己の感覚をもたらし，人間関係への信頼感を回復させ，相談者をエンパワーします。

4 情報提供

相談員は，その組織におけるハラスメント申し立ての制度について，よく理解し，説明できることが必要です。できれば，単に制度を理解しているだけでなく，その運用の実態について知っている方が望ましいと言えます。相談者のようなケースで申し立てをした場合，どのような展開が予想されるか，それにはどれくらいの期間がかかるか，申し立ての具体的な手続きはどのようなものか，他に考えられる対応方法にはどのようなものがあるか，それぞれのメリットとデメリットは，などです。

もちろん，相談員には守秘義務があるので，これまでに生じてきた別のハラスメントの相談について，具体的な詳細を話すことは許されていません。しかしながら，個人が特定されない範囲で，ごく大まかな輪郭を話すことはできるかもしれません（同じ組織の中で起きた過去のハラスメントのケースは，かなり抽象的に話したとしても個人が特定されてしまうことがありえますので，この点についてはかなり慎重に配慮する必要があります）。

信頼できる情報がしっかりと伝えられることは，相談者に対処の見通しを与えます。そのことは心理的な安定にもつながります。逆に，説明が一貫していなかったり，不確かだったり，実態に即していなかったりすると，相談者は相談することでかえって不安定になってしまうこともありえます。わからないことがあれば，はっきりとわからないと伝えましょう。不確かな情報を煙に巻くような言い方で与えるのは混乱のもとです。

ハラスメントの申し立てをする以外に，どんな解決の道筋がありうるかについても，情報提供することが必要です。これには，加害者とされた人物に対して管理監督責任のある立場の人に相談するという道筋が一般に考えられます。雇用の脅かしなどの労働問題を含んでいる場合は，人事課などに相談してみることも考えられます。

組織外の相談のリソースもあります。相談内容によっては警察に相談することが望ましいと思えるような場合もあるでしょう。労働局での相談，自治体による女性相談，法務省の人権相談など，相談内容によって関連するさまざまな相談窓口があります。弁護士に相談して，民事訴訟や示談などの解決の道筋を検討することもありえるでしょう。

それぞれの相談窓口や解決の道筋について，その特徴を説明します。そうやって，対応策を考えていくための基礎となる情報を相談者に提供するのです。

5 どうしていくかを一緒に検討する

ここまでのところで，相談者は，すでにハラスメントの申し立てをする気持ちが固まっているのかもしれません。あるいは，申し立てをするべきか，他の手段を考えてみるべきか，迷っているのかもしれません。そこから，どうしていくかを一緒に考えます。

これは相談者が何を求めるかということと関連しています。謝罪を求めるのか，ハラスメントがあったという事実認定を求めるのか，加害者の処罰を求めるのか，金銭的な補償を求めるのか，研究室や職場の異動を求めるのか，こうしたことによって解決への道筋は異なってきます。

相談者の多くは，これまでの苦しかった体験については詳しく話すことはできますが，これからどうしたいのか，何を求めていくのかについては曖昧であることが多いです。そこをはっきりさせていく手伝いをしましょう。

法律家でも何でもない普通の人間が，何らかの被害にあったとき，その被害に対して，誰に，何を，どこまで求めるのが妥当なのかなど，まったく見当がつかないことが多いものです。大学に相手の処分を求めるにしても，その加害に対してどの程度の処分を求めるのが妥当なのか，まったくわからないのが普通でしょう。いったいどこまでが妥当な要求で，どこからが過大な要求で，どこからが控えめすぎる要求なのか。そんな問いには答えようがないことが多いでしょう。

しかし一方で，傷ついた体験をじっくりと見つめ直していくことで，相手に言いたいこと，求めることがはっきりしてくるというのも事実です。とにかく傷ついたということは伝わるものの，一連の出来事の中の特に何が傷つきをもたらしたのか，それは相談者にとってどういう意味を持ったのか，といったことが曖昧であるほど，どうして欲しいのか，何を求めているのかも曖昧であることが多いと思います。相談者が傷ついた体験にしっかり取り組み，自分を大事にしながら状況を広く見わたした上で，誰に，何を，どの程度，求めていくのかを明確にしていくのを助ける作業は，非常に繊細な配慮とバランス感覚を必要とするものです。これはハラスメント相談員の仕事の中でも重要な部分を成していると言えるでしょう。

何を求めるかを明確にしていく作業には，何らかのあきらめの仕事が含まれているものです。すべてを元通りにするとか，過去に遡ってハラスメントが起きなかったようにするとかいうことはできませんから，何を求めるかをはっきりさせることには，何かをあきらめて受け容れることが含まれるのです。それは苦しい作業ですが，回復に向けた重要なステップでもあります。この作業にしっかりと取り組むことで，相談者は一歩前に進めるのです。

しかし，これはそう簡単なことではありませんから，すぐに答えは出ないかもしれません。相談者に必要な時間を与え，相談者のペースで進めます。時間は重要な要因です。時間という要因を治療的に活用しましょう。

6 結果の受けとめ

人間には理想が必要です。高邁な理想を掲げて，そこに向かって精進するのは人間にとって大切なことであり，必要なことでもあります。しかし，いまだかつて理想の社会が実現されたことがないというのも事実です。北極星を道標にしてこそ，正しい道を歩むことができる旅人も，決して北極星に到達するわけではありません。

バージニア権利章典，フランス人権宣言，水平社宣言など，人権に関して人類がこれまでに謳い上げてきた心を打つさまざまな輝かしい文章と，社会の実態との間には，今なお大きなギャップがあるというのが現実だと思います。

ハラスメントの申し立てをすると，調査がなされ，人権委員会から結果が提示されます。相談者の期待に満たない結果が提示された場合，当然，相談者はそれをどう受けとめればよいか悩むものです。とはいえ，相談者にとって最大限に好意的な結果が出たとしても，相談者がその結果に満足することは稀です。

結果の受けとめをサポートする仕事は，ハラスメント相談の後半の重要部分になります。相談員も無力感を感じることが多い部分です。この仕事には，健全なあきらめの作業が求められるところもあるでしょうし，また，組織の風土の変革を求めるあらたな決意を形成する作業が求められるところもあるかもしれません。

場合によっては，申し立てに対する組織としての判断が出されてからの方が，相談者にとってつらい時期となることもあります。周囲の人たちは，調査が終わり，判断を下した時点で，ハラスメントの案件は終結したと考えがちです。相談者（申立人）に好意的な判断が出れば，「よかったね」と祝福するかもしれません。しばしばこの時点で，周囲の人たちと相談者との間のギャップが最大化します。相談者がさらに不服を訴えれば，「いつまでぐずぐず言ってるの？」「もう終わったことだ」「いいかげん前を向いて進みなさいよ」などと叱責されることもしばしばです。

相談員は相談者が結果についてどう感じているのかを訊き，そこで語られることをただ受けとめるように聴きます。悔しさ，納得できない気持ち，怒りが語られるかもしれません。そこで出てくる感情や思いを語られるままに聴いていきます。その作業は，相談者がその結果をさまざまな角度から眺め，その結果を主体的に意味づけていく過程を助けます。

7 回避の克服

トラウマ的ストレスがもたらしがちな問題のひとつに回避があるということを前に述べました。被害を受けた場を避けたり，被害を思い起こさせる活動を避けたり，全般的に引きこもったりしがちになるということです。大学組織による介入がなされ，現実的な解決が得られても，なお，相談者の回避行動が収まらないこともあります。

とてもつらいときには，回避することも大事なことです。回避することで自分を守るのです。無理に回避をやめようとする必要はありません。けれども，回避しながらの生活の中で，徐々に気持ちが落ち着いてきて，元気が蓄えられてきた感じがしてきたなら，少しずつ回避を克服する方向にチャレンジしていくことが役に立つでしょう。

悪いのは加害者の方なのに，どうして自分が苦しい思いをしながらチャレンジしなくてはいけないのかという思いが湧いてくることもあるでしょう。その思いは十分理解できるものですが，危険なものでもあります。その思いに捕らわれて回避したままの生活が続くことは，それ自体がさらに生活の困難を拡大していくからです。そしてその結果を引き受けるのは他ならぬ自分をおいて他には存在しないのです。

もし相談者がこうした傾向に陥っていると気がついたら，相談員は，相談者を励まして回避を克服するよう助けていきましょう。組織の規定上，その役割ではない場合には，外部の心理カウンセラーに紹介してもいいでしょう。

回避を克服する援助においては，まず相談者がいったい何を避けているのかをはっきりさせます。相談者に，以前していたことで，今はしていないことを思いつくだけ書き出してみる作業へと誘うことが役立つでしょう。その上で，それにチャレンジすることがどれくらい苦しく感じられるかを0から100の数字で評定してもらいます。

そして，その中で数字の小さいものから順番に，ひとつずつ取り組んでいくよう一緒に考えてみます。数字の小さいものから順番に，ひとつずつということが肝心です。焦って数字の大きいものにいきなりチャレンジしたり，一度にたくさんのことにチャレンジしないように気をつけてください。選んだ事柄が十分に楽にできるようになったと心から確信できるまで，次の事柄へのチャレンジには移行しないでください。一歩一歩確実に歩みましょう。相談員は，相談者がこの過程で急ぎすぎないようマネージします。

8　肯定的で積極的な自叙伝的ストーリーを構築する

ハラスメントがもたらす重要な害のひとつに，被害者の自己概念に対するダメージが挙げられます。ハラスメントが深刻であるほど，被害者は，自分は無力である，自分は無価値である，自分は世界から歓迎されていない，自分は孤独である，などの自己概念を抱きがちになります。被害者には，もともとこうした自己概念を色濃く持っていた人もいるかもしれませんが，そういう場合でも，被害に遭うことでさらにそうした色合いは強まってしまいます。

こうした自己概念は，具体的なエピソードとしての自叙伝的なストーリーによって構成されています。

ハラスメント相談では，相談者（被害者）は被害の体験を語り，そこで感じた感情や，心に浮かんだ考え，実際に取った行動などを振り返ります。そうして相談員とともに有効な対処策を検討し，取り組んでいきます。こうした作業の中で，相談者が語る自伝的ストーリーが，無力，無価値，孤独などといった感情を伴うストーリーから，より肯定的で積極的なストーリーに変化するよう，取り組んでいきます。相談者は，苦しい状況に不条理な仕方で投げ込まれ，そこで自分なりに考え，その状況に耐え，生き延び，必ずしも上手くいかなかった面もあるにせよ何らかの対処をしてきたのです。

相談者が語る最初の物語には，そうした肯定的で積極的な要素はあまり含まれていないものです。同じ事実を踏まえながら，そこに埋もれている別のストーリーに光を当てるのです。とはいえ，相談者のストーリーを拒否するのではありません。相談者の無力，無価値，孤独といったテーマのストーリーを受け入れ，共感的に理解しながら，同時に，それとは異なるより肯定的で積極的な別のストーリーをそこに含ませていくのです。相談者の奏でる主旋律を補い，その主旋律を豊かに響かせるような第二の旋律を静かに奏でていくのです。

相談者が感じたこと，考えたこと，実行したことを浮き彫りにし，あらためてその正当性を認めます。どんな些細なものでも，相談者が困難な事態を何とかしようとして払ってきた努力に焦点を当て，はっきり取り上げます。苦しみを和らげるためにしてきた相談者なりの対処を認めます。苦境の中でこそ見えてくる相談者の強さや美点を言葉にして表現し，素直にほめたり感心したりします。たとえ相談者自身がこうした相談員の言葉を否定したとしても，相談員はそれには同調せず，肯定的で承認的な見方を堅持します。相談員は，相談者のこうした努力や対処がなければ事態はもっと悪くなっていたかもしれないと示唆し，相談者の努力や対処の潜在的な効果や価値を力強く描き出します。そのとき，力んで説得しようとしたり，無理してポジティブな見方をしようとがんばる必要はありません。そういう姿勢はむしろ逆効果です。ただ事実を見たままに描写するような口調で，あっさりと伝えます。

9 被害者の立場を離れる支援

誰も被害者になりたくてなるわけではありません。不本意ながら，気がついたらその立場に立たされていた，というのが被害者の立場でしょう。だからそれは一刻も早く解消したい立場であるはずです。しかし，ハラスメントの相談を開始して，調査を求め，それに応じ，調査結果が出るまでは長い時間がかかります。短くても数か月，場合によっては年単位の時間がかかるものです。

長期間にわたって被害者という立場を取るうちに，奇妙なことですが，いつしか被害者という役割に馴染んでしまい，その役割を離れることを難しく感じるようになることもあります。どんな措置が取られたとしても，被害を受けたという歴史が消えてなくなるわけではありません。そのこと自体を悔しく感じ，考えうるベストな措置を受けてもなお許せないと感じるかもしれません。被害者という立場を離れることは，被害を受けた自分を見捨てることのように感じられ，そんなことはできないという思いに駆られるかもしれません。まして納得のいかない結果が返ってきたなら，被害者の立場を離れるわけにはいかない，さらになお被害を訴え続けなければならないと感じるかもしれません。こうしたことから，どこまでも，いつまでも，恨み続けることをやめられない心の動きが出てきます。

こうした思いはある意味で自然なものですし，理解できるものです。その思い自体を否定することはできないでしょう。とはいえ，こうした思いを追求するあまり，相談者が人生の他の可能性を育むのを放棄してしまうことが心配なのです。こうした思いを抱えていくことと，単に被害者というだけではない人生を前向きに歩んでいくこととが，バランスを取ってうまく共存していくよう援助する必要があります。

どこかでうまく妥協することが必要です。現実は常にどこか不完全です。理想の社会とは北極星のようなもので，道標にはなるとしても，完全な形で実現されることはないのかもしれません。理想の実現を求めることはそれ自体としては良いことですが，あまりに性急に，あまりに完全に求めるようになると，その人の人生に益よりも害をもたらすようになります。理想の追求という高邁な目標をあまり性急に求めすぎず，どこか現実的なところで手を打つ必要があるのです。この不完全な世界を不完全なものとして受け容れることが必要です。そこには何らかのあきらめが含まれることになるでしょう。しかし，決して無力にあきらめ切ることが必要なわけではありません。理想へと向かう旅の出発点として，今ここの現実をありのままに認識することが必要なのです。

以上のような考察を踏まえ，相談員は，適切な時期が来ていると感じたとき，相談者に，ハラスメント被害をめぐる取り組みを終えることについてどんな感情や思いが湧いてくるかを尋ねてみることが有用でしょう。

ハラスメントの訴えを終え，被害者という立場を離れることにはさまざまな複雑な思いがありうることをよく理解し，そこで語られる思いを受け止めるように聴いていきます。何事も，始めるより終える方が心理的には難しいものです。こうした作業は，ハラスメントの訴えを終わりにするという困難な仕事を促進します。

10 加害者からの相談

ハラスメント相談の窓口では，加害者，加害者として申し立ての対象となった人，あるいはそうなりそうな危険を感じている人から相談を受けることもありえます。

第一に，同じ相談員が，被害者側と加害者側の両方の相談を受けることをしないのが原則です。被害者と加害者の両方に会っていると，いずれの側も情報を漏らされているのではないかと疑心暗鬼になってしまいます。実際，両方から話を聞いてしまうと，相談員は，その態度や表情によって知らず知らずのうちに相手方に関する情報を相談者に伝えてしまうかもしれません。

加害者側からの相談にもさまざまなものがあります。自分を対象としたハラスメントの申し立てがあったと知り，あわてて自己弁護をしに来る人。被害者側（申し立て人側）の様子について何か聞き出せないかと探りに来る人。加害者だとされたことにショックを受け，戸惑い，不安に陥って相談に来る人。被害の訴えがなされたわけではないが，自分のしたことはハラスメントなのではないかと不安になって相談に来る人。

そうして加害者側の相談員となったら，いずれにせよ話を聞いて，事実関係を確認し，必要な情報を提供します。加害者という立場は，非常に孤独で，不安なものです。被害者にはさまざまなサポートがありますが，加害者は孤立しがちです。周りは自分のことをどう思っているのだろう，自分は極悪人として皆から迫害されるのではないか，人格を丸ごと否定されてしまうのではないか，そうした怖さを感じがちです。不名誉感，恥，怒り，後悔など，さまざまな強い感情に襲われがちです。

調査にせよ，調停にせよ，ハラスメントの解決に向けての取り組みの中で，加害者の立場に立たされた人をサポートすることは，実は重要なことなのです。加害者の立場にある人に，事実を率直に話してもらい，現実的な解決策についての話し合いができるよう協力してもらうには，十分なサポートが必要です。その人の言い分を理解し，心情を汲むことが必要です。

同時に，事実関係に矛盾や曖昧な点があり，何か嘘やごまかしがある可能性が高いと思われるときには，情に流されず，しっかり問いかけていくことが必要です。その際にも，決して敵対的にはならず，真実を率直に話すことこそ結局は当人にとっても最も有用なことなのだという前提を伝えながら問いかけることが大事です。長い目で見れば，嘘をついて逃げるよりも，真実を明らかにして組織の判断に委ねる方が，当人の人格の尊厳にとって重要なのです。真実を話せるよう，最大限のサポートを与えながら，しっかりと問いかけていくことが何よりの援助です。

11 相談員自身の感情的反応をマネージする

ハラスメント相談は，しばしば相談員に非常に強い感情を喚起します。相談員にとって，相談者や加害者とされた人物がともに距離のある人たちである場合でもそうですが，身近な人たちであればなおさらです。ほぼ間違いなく強い感情が引き起こされます。相談員は，ともすれば冷静さを失い，その感情に突き動かされて不適当な発言や行動に走ってしまうかもしれません。相談員には，自分自身のこうした感情反応をマネージする必要があります。ある意味では，この技術こそ，ハラスメント相談において最も重要な技術だと言えるかもしれません。

相談員には，相談者に対して同情的な気持ちが湧いてくることもあれば，批判的な気持ちが湧いてくることもあります。加害者とされている人に対する憤りが湧いてくることもあれば，加害者とされている人を擁護したくなる気持ちが湧いてくることもあります。その感情に駆り立てられて，何か言いたくなったり，何か行動したくなったりする強い衝動を感じることもあるでしょう。それらの感情的な反応は，相談の過程を促進するように働くこともあれば，妨害するように働くこともあります。

相談員の多くは，自分の所属する組織である大学に対して誇りを持ち，大学の構成員であることをアイデンティティの重要な要素としていることでしょう。そうであればあるほど，大学の重要な構成員から被害を受けたという訴えに接したとき，誇りを傷つけられ，アイデンティティの基盤を揺るがされたように感じてしまいがちです。相談者が大学の対応を批判するとき，相談員は，自分が責められているわけではないと頭では理解していても，まるで自分が責められているかのように感じて防衛的になってしまうこともあるでしょう。

とりわけ，相談者の所属部局と，加害者とされた人物の所属部局が異なる場合，相談者の所属部局の関係者は心情的に相談者サイドに同情的になりやすく，加害者とされた人物の所属部局の関係者は心情的に加害者とされた人物サイドに同情的になりやすいものです。それぞれの部局の関係者同士が敵対的な感情を持ってしまい，相手部局の対応に対して不信感をつのらせるということがよくあります。

相談員は，ハラスメント相談においては強い感情が喚起されることが多いという事実をよくよく認識しておくことが必要です。そして，相談者の話に対する反応として，自分の中にどんな感情が動いているかを注意深くモニターし，自分の感情に気づきを持つようにします。そして，そうした感情に基づく反応が相談過程を妨害していないか，絶えず注意しておきましょう。

もちろん，相談員も人間ですから，そんなことが常に完全にできるわけではありません。感情は即時的かつ自動的に身体的なチャンネル（表情，視線，姿勢，声など）を通して表出されてしまうものです。いくら意志の力でそれをコントロールしようとしても，うまくいくとは限りません。どうしても伝わってしまうということもあるでしょう。また，気がついたときにはもう感情に駆られて不適当な発言をしてしまっていたということもあるでしょう。たとえば，「あの先生がそんなことするかなあ！」などと，思わず相談者の言葉を疑い，加害者側を擁護するような発言をしてしまうかもしれません。その結果，相談者から不信感を持たれてしまうかもしれません。

そのような場合には，それに気がついた瞬間に，そのこと自体を話題に取り上げることが重要です。「あっ，思わず相手の先生を擁護するような発言が出てしまいました。すみません。突然のことで，私もちょっと動揺してしまったみたいです。」というようにです。そしてそこから，相談者の不信感を修復することを目指して，自分の思いや相手の思いを率直に話し合っていきます。

そもそもハラスメント相談は強い感情を引き起こしやすい性質の相談なのです。相談員が動揺したり，混乱したりすることは当然だと考えましょう。コントロールしようと努力することは大切ですが，そう心がけても完全にできるものではありません。むしろ力んで感情を抑え込まない方がよいのです。感情を力んで抑え込むことは，相談員のストレスを高めるばかりか，感情のコントロールという面でもあまり効果がないことがわかっています。強い感情に駆り立てられていると気づいたら，深呼吸してリラックスし，その感情をそっと脇に置いておけるようになることが理想です。抑え込まず，取り憑かれず，ほどほどの距離で楽に置いておくのです。「そういう感情が心の中にあるなぁ」と気づきながら，深く息を吐いてリラックスし，目の前の相談者への適切な対応に集中します。

いずれにせよ，感情的な反応を完璧にコントロールしようと頑張ったり，コントロールしきれなかったときに取り繕おうと頑張ったりなど，無理な努力はしないことです。感情的な反応をコントロールしきれないこともあるという人間的な限界を受け容れ，不適切な感情的反応が出てしまったときにはなるべく早くそれに気づき，誠実に扱おうと心がけた方が生産的です。

念のために誤解のないよう付け加えておきますが，以上の述べてきたことは，相談員は感情を抑えて淡々と事務的に相談者の話を聞くべきだという意味では決してありません。どのような相談でも，共感的な反応は大切です。

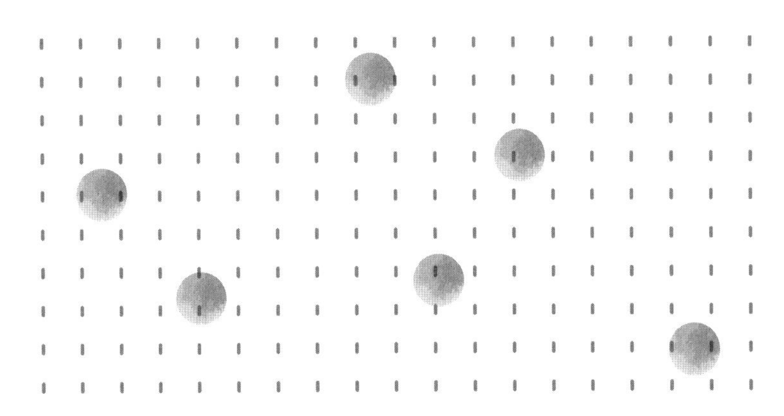

4部 ハラスメントの調査と対応

最後に，ハラスメントの調査と対応について考えてみます。調査は，中立的・客観的な立場で当事者双方から話を聞き，事実関係を明らかにする取り組みです。調査の上で，大学として，ないしは監督者として，どのように対応するのかに関して公式的な結論を出すことになります。たとえば，加害者側に注意や警告を与え，指導する。お互いが顔を合わさずに過ごせるよう環境調整する。謝罪文を書かせる。懲戒の処分をする。などです。

ハラスメントの訴えがあればしっかりと調査し，毅然とした対応をするという姿勢を示すことが，予防的にも重要な意味を持ちます。対応と予防は別々のものではなく，そのように結びついたものです。

10章　ハラスメントの調査

正式にハラスメントの申し立てがなされたなら，多くの場合，大学として調査を行うことが必要になります。10章では，調査の基本的な考え方，調査において留意すべきことがら，調査においてしばしば困難となるポイントなどについて考えます。

1 ハラスメント調査の基本的な考え方

ハラスメントの申し立てがなされたなら，まずは大学組織における担当の部門（通常，人権委員会やハラスメント問題対策委員会など）で，その申し立て内容を検討し，ハラスメントの事案として調査を行うべきケースかどうかを吟味することになるでしょう。場合によっては，すぐに調査は行わず，別の解決方法を提案することもあるでしょう。ハラスメントとして扱うよりも，雇用問題，コンプライアンス違反，研究不正などの問題として扱う方が適切だと見なされれば，他の相談窓口や委員会に紹介することもあるでしょう。

ハラスメント事案として調査を行うことが適切だと判断された場合，調査はできるだけ速やかに，当事者にとって公平であると感じられるように行われる必要があります。調査委員会のメンバーや調査のスケジュールなどの重要な情報が，当事者にあらかじめ適切に通知され，透明感をもって進められることも大切です。

調査の基本的な目的は，申し立てられた問題について，事実を明らかにすることにあります。当事者の具体的な発言と行動，その具体的な日時や持続期間などが第一の焦点です。

それに加えて当事者の考えや感情もまた重要な焦点となります。それらは，事実についての供述内容の信憑性を裏付けるものですし，その意味合いを左右するものでもあります。形態は同じ行動が，そのときの行為者の考えや感情により別の意味を持ちます。たとえば，手を振り回したという事実が確認されたとしても，怒りに駆られて衝動的に振り回したのと，腕の凝りをほぐすために振り回したのとでは意味が異なります。また逆に，形態は異なる行動が，そのときの行為者の考えや感情により同じ意味を持ちます。たとえば，挨拶されても無視するという行為と，もう大学に来ないでいいと言い放つ行為は，形態は異なりますが，背景に相手に対する怒りや侮蔑の感情が共通して存在しているのであれば，その意味は類似しています。

申立人にせよ，被申立人にせよ，周辺の関係者にせよ，調査では真実を述べることが求められます。たいていの大学のハラスメント防止規定では，構成員に調査に協力することを求めています。調査において虚偽の供述をしたり，事実を隠蔽したりすることは，規定に違反する行為だと考えられます。とはいえ，当然のことながら，当人自身の主張にとって不利な事実はどうしても隠される傾向があります。必ずしも意図していなくても，当事者はそれぞれ自分にとって不利な事実を，有利になるように歪曲して解釈していたり，忘れていたりするものです。

このように，当事者から事実が率直に語られていないと思える場合でも，調査委員会は警察や検察ではありませんから，強制力を伴う捜査はできません。いくら証拠を隠しているのだろうと合理的に推測されても，家宅捜索をしたり，身体検査をしたりすることはできません。あくまで，当事者に自発的に調査に協力してもらい，事実を述べてもらうよう導くしかないのです。

この問題をどう乗り越えるかは，調査にとっての大きな課題のひとつです。この点に関する面接の技術については，後で述べましょう。

2 調査面接の進め方

上に述べてきたように，調査面接は，申し立てに関連する事実を明確にすることを第一に優先した面接です。

面接の開始に当たって，調査委員は立場と名前を自己紹介し，面接の目的について説明します。面接の目的を実現するため，協力して欲しいこと，そのため質問には率直に事実を答えて欲しいことを伝えます。もし事実を言いたくない場合には，その理由を教えて欲しいということも伝えておきましょう。また，調査面接は申し立てに関わる事実を明らかにするためのものであり，この場で対応を決めるわけではないこと，調査の結果に基づいて委員会（人権委員会やハラスメント問題対策委員会など）において対応が検討される，といった流れを説明しておきましょう。

申立人に対しては，窓口で聴き取られた申し立て内容を確認することから始めます。被申立人に対しては，申し立てられた問題について伝えることから始めます。

いずれにせよ，不明瞭な点については，「いつ」「どこで」「誰が」「何を」といった質問を中心にして，確認していくことになるでしょう。重要なポイントでは「あなたは～と言いましたか？」「あなたは○○さんに～という行為をしましたか？」といった，「はい」か「いいえ」で答えられる質問をして，事実についての情報を確定させることが必要になります。

調査するのは，あくまで申し立てに関連する事実であり，そこから逸れて不合理に広がりすぎないようにしなければなりません。ただし，直接的な問題だけに絞らず，関連する事柄にまで調査の焦点を広げていくことが，その問題の理解を助ける場合もあるでしょう。その場合，焦点を広げる必要性について，合理的に説明する必要があります。

事実についての供述とあわせて，感情や考えにも質問の焦点を広げ，聞いていきましょう。調査対象者自身の言動であれば，その背後にあった思いや気持ち，相手の言動であればそれに対しての思いや気持ちを訊いていきます。

調査すべき内容についての聞き取りが終われば，調査委員が理解したことをまとめて伝え，それで間違いがないか確認を取ります。曖昧であった点については，曖昧であったということを確認しておきます。

面接を終了する際には，調査に協力してくれたことに感謝し，労いの言葉をかけるとともに，今後の見通しを伝えます。

3 深刻な被害の体験を被った申立人の調査

申立人が深刻な被害の体験をしている場合，それについて事実を明らかにするよう質問していくことは，不可避的に，申立人につらい体験を思い出させ，再体験させることになります。申立人の調査では，申立人の傷つきに配慮しながらも，事実関係をしっかりと確認することが必要です。そのためには，不明瞭な点を明らかにしたり，矛盾点を整理したりすることがどうしても必要なのです。申立人にとってはつらい場面もあるかもしれませんが，調査においては避けて通ることができません。

調査委員は，その点について，あらかじめ申立人に注意喚起し，心の準備をしてもらうようにすることが必要でしょう。たとえば次のように言うとよいでしょう。「調査では，申し立てられた問題について，事実を明確に把握する必要があるため，あなたにとって答えることがつらいような質問もすることになります。できるだけありのままに事実を答えて欲しいのですが，どうしてもつらくて答えられないときには，そう言って下さい。可能な場合には調査の方法を変えることも検討します」。

質問しながら，その間，申立人が，どの程度，苦痛を体験しているかに注意して観察し，申立人が耐えられる限度を超えて無理をしていないか，配慮します。

非常に強い恐怖や怒りを体験したとき，その前後の記憶が曖昧になったり，事実関係が混乱したりすることは自然なことです。強い情動は，認知過程を妨害します。そうした場合，矛盾点や曖昧な点について質問しても，なかなかすっきりとした答は返ってきません。調査委員は，そのことで申立人に対して否定的・批判的な反応をしないよう，注意しましょう。それはそれ自体が被害の一部であり，やむをえないことなのです。申立人の事実関係の記憶は混乱しているということが明らかになったというのが，ありのままの調査結果なのです。

そのことで事実の確定が不十分になり，申立人にとって不利になることもありえます。そうした点について説明し，何か思い出したら話して欲しいと伝えておきます。こうしたやりとりの際に，申立人に対して調査委員が想定する特定の内容を思い出すよう，誘導的にならないように気をつけます。

というのも，さまざまな記憶の研究において，質問におけるほんのちょっとした言葉づかいの違いが，呼び覚まされる記憶を大きく変えてしまうことが示されているからです。ロフタスとパルマーが行った実験[28]を簡単に紹介してみましょう。この実験では，100人の被験者が交通事故の映画を見て，直後にいくつかの質問に答えました。その中のひとつの質問がこの実験の焦点です。被験者の半数は「2台の車がぶつかったとき，どのくらいのスピードを出していましたか」という質問を受け，残りの半数は「2台の車が激突したとき，どのくらいのスピードを出していましたか」という質問を受けたのです。後者の質問の方が，前者の質問よりも，ずっと速いスピードの回答を引き出しました。しかし本当の問題はこれからです。1週間後，被験者は再び事故についての質問に答えました。その中に「あなたはガラスの破片を見ましたか」という質問がありました。実際には事故の映画の中でガラスの破片は含まれていませんでした。この質問に，ガラスの破片を見たと答えた被験者は，「ぶつかった」質問を受けた被験者では14%でしたが，「激突」質問を受けた被験者ではその倍以上の32%にも上ったのです。

この実験は，調査において，調査者が言葉のニュアンスに繊細な注意を払うべきであることを示しています。

4 事実を隠している被申立人

被申立人への調査は，申立人への調査とはまた別の難しさがあります。前にも述べたように，大学の調査委員会が行う調査には，捜査権はありません。つまり，証拠物件を取り押さえたり，家宅捜索をしたりする権限はありません。ですから，当人から正直に事実を話してもらうよう，最大限の協力を引き出すことが非常に重要にな

28：ロフタス，E. F.（1979/1987）『目撃者の証言』 誠信書房

るのです。被申立人への調査が生産的に運ぶかどうかは，この点にかかっていると言っても過言ではありません。

とはいえ，調査において，被申立人が素直に事実を語ってくれていないように見て取れることもあるでしょう。のらりくらりと煙に巻いたり，記憶がないとしらを切ったり，虚偽の供述をしているように見えることがあるかもしれません。調査に先立って，調査への協力は大学の教職員や学生として規定上の責務であること，事実と異なる供述をしたと判明した場合には，そのことに対して然るべき対応がなされることを告げることが有用です。

ただし，被申立人に対してあからさまに敵対的な態度を取ることは禁物です。調査委員は予断を排して，公平中立の態度で調査に臨まなければなりません。また，敵対的な態度は相手の反発を引き起こし，協力関係の形成を阻害します。そのことは，結局は，調査の生産性を低下させます。調査委員は決して被申立人を敵視しているわけではなく，真実を明らかにすることで被申立人を助けたいと願っているのであり，そのために協力して取り組む関係を築きたいと願っているという立場をはっきりと表明するのがよいでしょう。真実を明らかにすることが調査委員会の使命であること，この場で真実を話すことは被申立人が今後の人生を力強く前向きに生きていく上で非常に重要であること，逆に言えばこの場で真実を話さないことは今後の人生に永く禍根を残すことになるということを訴え，真実を明らかにすることを調査委員と被申立人との共通の目標にすることが有用です。

実際，調査において嘘をついたり，事実を隠蔽したりすることは，ほとんどの人にとって大きなストレスになります。嘘をついたり事実を隠蔽したりしてその場を取り繕うことに成功すれば，そのときは得をしたような気分になるかもしれません。しかし，長い目で見れば，それは当人の人生に悪影響を及ぼすでしょう。

つまり，被申立人の態度が防衛的である場合には，その程度に応じて，被申立人が今後の人生を堂々と力強く生きていくためには，ここでありのままに真実を話すことが自分自身にとって重要なのだという考えを，被申立人の心に強く喚起することが必要になってくるのです。

また，調査委員会は，被申立人の処遇を云々する場ではなく，真実を明らかにする場であることを伝えるのも有用です。処遇を云々するのは，別の委員会なのです（もしそうなっていない場合には，そのような構造にすることが望ましいです）。調査委員会は，真実が何かを明らかにすることのみに関心があるのだと伝えます。そうやって，被申立人の注意を，未来の処遇から引き離し，今ここで事実を語ることだけに集中させるのです[29]。

常に穏やかで温かなトーンを保ちましょう。そうしながらも，被申立人の供述に矛盾するところや不明瞭なところ，不自然なところがあれば，論理的に厳密に問いただしていくことが必要です。そのとき，恐い声や大きな声を出す必要はありません。間を詰めてたたみかける必要もありません。脅したり，責めたりする必要はまったくないのです。むしろ，そんなことをすれば，被申立人はますます防衛的になってしまうでしょう。調査員の質問は，内容的には鋭く，しかし，声のトーンは穏やかで優しく温かであることが必要です。

被申立人が話そうか，話すまいか，迷っているように見える場面では，被申立人にとって，本当のことを言うのは勇気が要ることであり，困難な課題であることを認め，被申立人が真実を話せるよう

29：調査担当者が相手から真実を引き出すための面接技術については，以下の文献が参考になります。ヒューストン，P.・フロイド，M.・カルニセロ，S.・ロマリー，P.・テナント，D.（2015/2015）『交渉に使えるCIA流真実を引き出すテクニック』創元社

サポートする姿勢を示しましょう。

人間は誰しも，思い違いをすることもあるし，肝心なことを忘れていて後から思い出すこともある，などと示唆して，これまで語ってこなかった事実を新たに話すことへの障壁を引き下げることが役に立つかもしれません，

以上の工夫は，被申立人の調査だけでなく，場合によっては申立人の調査においても役立つことがあるはずです。申立人も，自分に不利なことがらについては隠したり，伏せたりしがちなものだからです。

11章　ハラスメントへの対応

ここでは，ハラスメント問題に対する対応の基本的な留意点について述べます。ここまで，相談，申し立てを経て調査というプロセスを見てきました。調査が終われば，次には，そのハラスメント問題について大学としてどう対応するのかを決定する段階がきます。本章ではその段階について考えてみます。

1　ハラスメント問題に取り組むための２つの道筋

多くの大学において，ハラスメントへの対応には，基本的に２つの異なったルートがあります。それは，組織上の監督者による対応と，ハラスメント防止に関わる制度上の対応です。前者はいわゆるライン（管理監督系統）による対応であり，後者はハラスメント問題を扱うためにそれとは別に設置された委員会（人権委員会やハラスメント問題対策委員会など）による対応です。

この２つのルートは性質を異にしていますので，混同しないように注意しておくことが必要です。学生にとって指導教員であると同時に，ハラスメント相談員でもあるような立場の人の場合，特に，学生の話を聞きながら，今，自分がどちらの立場に立っているのかを自覚しておくことが大切です。

(1) 監督者による対応

教員には担当学生を監督し，指導する責任があります。また，学生が安心して健康に学べるよう，環境を整える義務があります（安全配慮義務・健康配慮義務）。こうしたことから，教員は，教室や研究室でハラスメントが生じないよう指導していかなければなりませんし，ハラスメントが生じた場合には被害者からの相談に応じたり，加害者側に指導をしたりしなければなりません。

同様に，研究室のリーダーである教授は，研究室に属する准教授，助教などがハラスメントをしないよう指導し，ハラスメントが生じた場合には，相談に応じるとともに然るべき対応をしていく必要があります。また，学長，研究科長，学科長などの管理的役職にある教員は，それぞれの管理下にある教員や学生について同様の責任があります。

このような通常の管理監督のラインにおいて，上に立つ者は，ハラスメントの被害の訴えがあれば相談に応じ，相手方からも話を聞き，必要なら注意喚起したり，警告したり，適切な関わりについて指導したりする必要があるのです。被害者と加害者が接触することでさらに状況が悪化しないよう，応急的に場所的・時間的に棲み分けをするよう環境調整をすることも必要かもしれません。学生の指導教員を変更する必要があることもあるでしょう。

監督者の立場にある人は，このように相談や対応に取り組む中で，どうしていいものか，判断に窮することもあるでしょう。そういう場合にはひとりで抱え込んでしまわず，相談者のプライバシーに配慮しながら，さらに上位の管理監督者など，然るべき相手を選んで相談することが必要です。大学内にハラスメント相談センターなどのハラスメント相談に関わる専門的な部局がある場合には，そこの相談員に相談することも有用です。

相談者から訴えられた問題が，監督者の立場で対応するだけでは解決困難と判断されれば，被害を訴えている人に，ハラスメント相談窓口に行って申し立ての手続きをするよう勧めることが必要になるでしょう。その場合でも，実際にハラスメントが生じている現場の監督者がその問題について無関係というわけにはいきません。何らかの対応をしていく必要があるでしょう。

(2) ハラスメント問題に関わる制度上の対応

大学は，通常，ハラスメント問題に関わる規定において，ハラスメント問題に対応するための制度を定めています。つまり，人権委員会やハラスメント問題対策委員会などといった名称の委員会を設置し，そこでハラスメントの申し立てを受け付け，調査し，しかるべく対応することなどを定めているのです。

通常は，監督者による指導では解決が難しい場合に，この制度を用いることになります。委員会は複数のメンバーから成りますし，監督者よりも当事者から離れた立場にありますから，より客観的で公正な判断がなされるものと期待されます。その一方で，多忙な教員が何人も集まって協議するわけですから，結論が出るまでにはかなりの時間がかかります。被害者側が懲戒などの処分を求めている場合にも，懲戒は監督者ひとりの裁量でできることではありませんので，こちらの制度を用いることになるでしょう。

2 対応上の注意

(1) うやむやに解決せず，しっかり注意・指導する

最も重要なことは，実際にハラスメントの問題があると認められたなら，しっかり指導することです。と言うのもそこをうやむやに

して解決を図ろうとする場合がしばしばあるようだからです。たとえば，教授が学生からの訴えを聞いて，准教授の指導に問題があることを把握したとしましょう。にもかかわらず准教授にきちんと注意することをせず，その学生が他の教員に指導を受けられるよう采配して事を収めてしまう，しかもその際，准教授にはもっともらしい理由をつけて説明し，指導の不適切さには触れない，というような場合です。

このような対応をすれば，学生はそれでいいと言うかもしれませんし，准教授に注意するという面倒なこともしないですみます。すべて丸く収まるように見えるかもしれません。けれども，こうした対応では，いずれまた同じような訴えが出てくる危険性が高まります。ハラスメントの被害を予防するためには，しっかり指導しておくことが必要です。また当の教員にとっても，早いうちに指導してあげる方が親切というものです。再び被害が生じてしまった場合，その被害はもっと深刻なものになる可能性もあるのです。重い処分がなされることになるかもしれません。早めに指導しておくことは，加害者側を助けることにもなるのです。

しかし，監督者の立場としては，他の教員に（学生にさえ）こうした問題を指摘するのは，気が重いことでしょう。それはよく理解できます。なるべくなら避けたい仕事です。とはいえ，訴えがなされたなら，やはり相手方からも話を聞く必要があるでしょう。片方からの話だけで事実を判断するのは危険です。その上で，やはり問題がありそうであれば，注意喚起し，適切なあり方を指導することが必要です。

監督者の立場の教員の中には，そうした注意や指導が，それ自体，ハラスメントだと言われないかと不安になってしまい，注意や指導に及び腰になってしまう人もいます。もちろん，何時間も怒鳴り散らしたり，胸ぐらを掴んで壁に叩きつけたりすれば，ハラスメントだと言われるでしょう。けれども，規定やガイドラインなどの資料を示しながら，穏やかに話し合えば，ハラスメントには当たりません。仮にそう言われたとしても，適切に反論することができるはずです。指導の方向性について自信が持てなければ，複数の他の教員に相談し，それらの意見をもとに方針を立てて臨むのもよいでしょう。

ハラスメントであると，あるいはその要素が含まれていると合理的に推論される場合には，加害者とされた人からも話を聞き，しっかりと指導することが必要です。

(2) 相談者のプライバシーに配慮する

ハラスメントの訴えを聞いたとき，注意すべき重要なポイントに，情報の管理があります。相談を受けた人は，ショックを受け，その話を自分の中に収めておくことができず，あわてていろいろな人に相談したくなるかもしれません。あるいは，加害者とされた人物に対して怒りを抱き，直接，注意しに行きたくなるかもしれません。ハラスメントの訴えはしばしばその聞き手に強い感情を引き起こします。聞き手は，その感情に支配され，駆り立てられ，突き動かされてしまいがちです。まずは落ち着いて，感情をなだめ，状況を冷静に把握しましょう。とりわけ，相談者が自分に何を期待しているのかを把握するように努めましょう。相談者の視点に立って，自分がどうすることが役に立つのかを考えて下さい。

相談者から聞いた情報を誰かに伝える必要があると思った場合には，相談者にその旨を伝え，承諾を得るよう努力します。緊急性が高い事態である場合，相談者が承諾するかどうかにかかわらず，適切な立場の人物に情報を伝える必要があることもありえます。犯罪レベルのことが行われている場合，相談者の心身の安全が深刻なまでに脅かされている場合など，大学として看過できない重大な状況であれば，それを相談者との間だけで抱え込んでおくわけにはいかないでしょう。しかしその場合でも，相談者の承諾を得るよう，最大限の努力を払います。そして情報を伝える相手は必要最低限の範囲に留めるようにします。

比較的，緊急度が低い場合には，相談者から話を聞いて，一緒に考えてみて，差しあたりは様子を見るというような話で終わることもありえるでしょう。そうした場合，相談を受けた人は，そこで聞いた話を漏らさないよう，抱えておくことが必要です。それぞれの関係者と身近に接するような環境にある場合，話を聞いたことで気持ちに波風が立つことが多いでしょう。そのことを苦しく感じる人もいるかもしれません。けれども，そうした気持ちを安定的に抱えていくことは，相談者を支える上で非常に大切なことです。どうしても抱えきれないときには，相談者と話し合った上で，信頼できる別の人に相談しましょう。

3 対応の実際

最後に，ハラスメントの調査を終えて，そこで得られた内容から，どのような結論を出すのかという点について考えます。調査委員会の報告を受けて，人権委員会やハラスメント問題対策委員会などで，対応の仕方を審議するという手続きが一般的でしょう。

ハラスメントの事実があったと確認された場合には，当然，被申立人に対して何らかの注意や指導が必要になりますし，場合によっては懲戒処分が相当とされることもあるでしょう。被申立人が被った不利益について，回復可能なものについては回復させ，その他，今後に向けて合理的な対策を提示することが必要です。

ハラスメントに該当する事実が確認されなかった場合，単にハラスメントの事実は確認されなかったと当事者に通知して幕引きされることもある一方で，たとえハラスメントではないにせよ，申立人が訴えた問題について，何らかの対応が可能であり必要でもある場合もあるでしょう。

いずれにせよ，どのような問題に関して，どこまで対応するのか，というのは，しばしば非常に難しいことであり，さまざまな観点を考慮しながら複合的に結論を出していかなければならない難問です。したがって多くの場合，さまざまな観点からの考察の妥協案になることでしょう。

申し立てられた問題に対する現実的な対応策としては，たとえば，指導教員の変更，学位審査に関わる教員の変更，研究テーマの変更，指導方法の変更，当事者同士が研究室や教室で出会わないようにする時間的・空間的な棲み分け，などが挙げられます。ハラスメントの内容によって，他にも多様な対応策が考えられるでしょう。

当然，指導教員に関わり方を改善してもらうことが重要になることがしばしばあるわけですが，これが非常に難しいところです。たとえば，毎日のように何時間も学生を怒鳴りつけていた教員に，そのような指導はハラスメントに当たると指摘し，そうした関わりをしないよう求めるわけですが，すんなりそうできるとは限りません。それは必ずしもその教員が反抗的だからとは限りません。その教員には，本当に，それ以外の関わり方がわからないということもよくあります。

単に処罰して終わりではなく，そうした教員に適切な関わり方，指導の仕方を教育・研修する必要があるはずです。けれども，残念ながら，現在の日本の大学においてそこまでの対応ができているところはあまりないのではないかと思います。本来的には，特定のカリキュラムの研修を義務づけるという措置があって然るべきだと思います。

対策の伝え方についても，大学により，ケースによりさまざまで，結果を通知する書面が1枚郵送されるだけの場合もあれば，面談の機会が設けられ，書面とともにそれを補う丁寧な説明がなされる場合もあります。こうした細かな点にこそ，その大学のハラスメント問題への取り組み姿勢が表れると言ってもよいでしょう。

またハラスメントがあったとされた場合，加害者を処罰するだけでなく，その環境にハラスメントを誘発し，エスカレートさせるような要因がなかったかどうか，その背景にも注意を払うことが必要です。加害者を処罰して幕引きを図るだけではなく，ハラスメントが起きにくい環境を整えるべきケースもあるのです。

最後に，精神科医の中井久夫先生が「いじめの政治学」と題したエッセイの中で，いじめへの対応について述べておられる言葉を引用してこの章を終えたいと思います[30]。「まず安全の確保であり，孤立感の解消であり，二度と孤立させないという大人の責任ある保障の言葉であり，その実行である」。

30：中井久夫（1997）　いじめの政治学『アリアドネからの糸』みすず書房　2-23頁

● 資　料

研修教材１

大学におけるハラスメントを考えるディスカッション
所要時間　30分〜40分

4〜5人のグループを作ります。以下に示された学生の訴えをもとに，ハラスメントについて考えてみましょう。以下のような観点から話し合います。

① このような状況で，教員がどんなことをしていたらハラスメントになると言えるでしょうか？
② こうした訴えに至ることを避けながら，教育的に関わるためには，どんなことが役立つでしょうか？

■申し立ての概要
申立人　　修士課程１回生　A
被申立人　教授　X

【申立人の訴え】
僕は，今年，大学院を受験して，この大学院に入学しました。X先生に指導を受けています。

僕はあまりできのいい学生じゃないって自分でもわかっています。でも，できが悪い学生なら，何をしてもいいっていうわけじゃないと思うんです。

たとえば，ゼミで僕が発表したとき，X先生は，発表の最中に貧乏揺すりをしたり，あからさまにため息をついたり，ボールペンをカチャカチャいわせたりして，まともに聴いてくれないんです。そして発表が終わったら，「何でこのテーマなの？」とか「意味がわからない」とか，頭ごなしに批判してくるんです。「修士修了する気あるの？」と鼻で笑うような感じで言われたこともあります。何を答えても，「そういうことじゃないんだよ。わからないかなー」といらついた感じで言われるだけなんです。「前提にある考え自体が根拠不足だ」とか「先行研究のフォローが足りない」とかいう指導もあるんですけど，具体的にどこをどうしたらいいのかがわからないんです。発表の後，気を取り直して，「もっと別のテーマにした方がいいんでしょうか」と尋ねても，「そういうことは自分で考えるもんだろ」と言い放たれて終わりです。そもそも，去年の秋にX先生とお会いして，修士から先生のところで研究したいという話をしたときに，研究テーマについても話したんです。でもそのときはそれでいいんじゃないかって先生も言ってたんです。

X先生は厳しい先生で，他の学生にもきついことも言うけれど，でもこんなふうじゃないんです。僕だけがいじめのターゲットにされていて，その理由もよくわかりません。毎年，誰かがX先生のいじめのターゲットになるみたいなんです。去年も一昨年も休学してしまった人がいるらしいし，大学に来なくなって消息不明になってしまった先輩もいるそうなんです。

研修教材２

大学におけるハラスメントを考えるロール・プレイ
所要時間　２時間

ハラスメントの訴えがあったとき，それぞれの立場の人がどのように感じ，どのように振る舞うようになるものか，架空事例のロール・プレイを通して体験してみましょう。

以下の手順で行います。

① ５～７人のグループになり，くじを引いて，申立人，被申立人，人権委員長を決めます。残りの人は調査委員です。調査委員が４人いる場合は，２つのペアに別れ，申立人調査を担当するペアと被申立人調査を担当するペアを決めます。

② 全員で申し立ての概要を読みます。

③ 申立人と被申立人は，それぞれ「申立人の考え」「被申立人の考え」を読みます。書かれていることをもとに，それぞれ演じる人物像をイメージします。

④ 調査委員はまず申立人，次に被申立人に調査します。他のメンバーは観察します。

⑤ 調査委員と人権委員長でこの申し立てについて審議し，対応案を出します。申立人と被申立人は観察します。

⑥ それぞれのグループの人権委員長が対応案を全体に向けて発表します。

⑦ 申立人，被申立人をはじめ，ロール・プレイを行った人全員がはっきり意識して役から抜け，現実の自分に戻ります。

⑧　グループで全体の過程を振り返ります。

・それぞれの立場の感想は？

・調査やそれに基づく審議の過程でよかったと感じた点は？

・調査やそれに基づく審議の過程でよくなかったと感じた点は？

・調査や審議を有効に進めるにはどんな点に注意が必要でしょうか？

■申し立ての概要

申立人　　修士課程１回生　B

被申立人　教授　Y

【申立人の訴え】

私は学部４回生のとき，Y先生の研究室に所属し，今年度，修士に進学しました。Y先生は機械工学の分野では日本でもトップレベルの先生で，大手企業から億単位の予算を取ってきて共同研究を進めており，とても精力的に活動している先生です。Y先生の指導はとても厳しいと聞いていましたが，その方がやり甲斐があると思ってY先生の研究室を希望して配属されました。

４回生の間はそれほどきつい指導はありませんでした。しかし修士課程に進学すると，非常に厳しい指導がなされるようになりました。毎日のように呼び出され，状況を報告するのですが，そのたびに何時間も大声で怒鳴られます。短いときで１時間，長いときには３時間以上，怒鳴られます。怒鳴り声は廊下まで響き渡っているので，他の研究室の人も知っていると思います。「何やってるんだ」「どうしてこんな基本的なこともできないんだよ」「何度言ったらわかるんや」などと怒鳴られ，酷いときには「お前それでよくこの大学に入れたな」「幼稚園から出直してこい」「なめとんのか」「親の顔が見たいわ」などと言われます。

実験の内容についての指導もしてくれるのですが，私が不器用なせいで，なかなかその手続き通りにできず，結果も出ないので，先生はイライラされるのだと思います。それについては私が悪いのですが，それにしてもあれほど怒鳴られるのは耐えられません。だんだん研究室に行くのが恐くなり，朝起きたらお腹が痛くなるようになりました。病院の内科を受診したところ，ストレス性のものだろうと言われ，精神科を紹介されました。精神科では反応性ストレス障害という診断を受け，向精神薬を服用するようになりました。

この研究室は企業との結びつきが強いので，ここで歯を食いしばって頑張れば，共同研究をしている企業に就職できます。みんなそう思っているので，先生から理不尽な怒られ方をしても耐えているのだと思います。Y先生も，そういう背景があるから，平気で怒鳴り散らせるのだと思います。

私はもう耐えられません。指導教員を変えて欲しいと思います。他の先生の下で修士の研究をやり直したいです。

■ 双方の考え

【申立人の考え】

とにかく疲れてしまいました。研究室に行くのが恐いんです。何とか修了しようと自分なりにがんばってきましたが，もうこれ以上がんばれません。Y先生は自分ができることは人も同じようにできると信じていて，個人差とか個性とかいうものの存在を無視しています。みんなが先生のようにできるわけじゃないんです。何百回も「何でできないんだ」と怒鳴られましたが，そんなこと僕には説明できません。ただそれが僕のありのままの個性なんだとしか言いようがありません。

本音を言えばY先生には教員の資格がないと思います。免職にしたほうが大学のためにもいいと思います。企業ならあれでもいいのかもしれませんが，ここは大学です。僕は授業料を払って教育を受けているんです。怒鳴られるのが教育ですか？　お金を払って怒られるだけなら，授業料を返して欲しいです。でもそれは僕が考えることじゃありません。ただ僕はもうY先生のもとで研究を続けるのは無理なので，別の先生のもとで研究できるようにして欲しいと願うだけです。

僕だけじゃなく他の学生もみんな不条理を感じています。毎年，研究室に来なくなり，いつの間にか辞めていく人がいると先輩からも聞いています。この研究室はそういう環境なんです。先生はそういう学生に冷たく，あいつは根性がなかった，あんなふうになったら終わりだぞ，などと言います。でも，僕はそういう人たちはみんなY先生のハラスメントの犠牲者だと思います。そういう人たちがバカにされるのを聞くと，悔しいです。

【被申立人の考え】

Ｂ君は不器用なところがあり，何度言ってもうまく実験ができません。私は決して学生を雑に扱っているわけではありません。時間をかけて具体的に細かく丁寧に教えています。こんなに時間をかけて丁寧に教えている教員はそんなにいないと思います。でもＢ君はなぜか教えた通りにできないんです。ありえないようなへまをします。そんなことではＢ君が将来とても困ることになるのは目に見えています。Ｂ君の能力からすれば，これくらいは絶対にできるはずなんです。私はＢ君のためを思えばこそ，厳しく指導しているのです。学生を叱らない方が無難なやり方なのかもしれませんが，私はそんなのは無責任であり教育の放棄だと思います。Ｂ君にとっては，ここが踏ん張りどきなんです。ここで踏ん張れば，ひとつ大きく成長できると思うんです。それが伝わらないのでしょうか。残念です。私のＢ君への取り組みをハラスメントだと見なすような判定が下りてしまうなら，もう日本の教育は終わりです。

私は億単位の外部研究資金を獲得しています。大学にも多大な貢献をしてきたつもりです。優秀な学生がたくさん私のもとに集まっています。私は現在の研究教育環境を守り，日本の将来を担う若者を育ててこうと思っています。そういう自負を持って仕事をしています。そういう大局をよく見て判断していただきたいと思います。

memo

あとがき

以上，心理援助を専門とする学生相談カウンセラーの立場から，大学におけるハラスメント問題を論じてきました。ハラスメント相談に関わる関係者だけでなく，大学コミュニティのすべての構成員に向けて書いたつもりです。というのも，本書において繰り返し述べてきたように，ハラスメント問題は加害者と被害者だけの問題ではなく，大学コミュニティ全体の問題だからです。本書がハラスメント問題に関わる関係者だけでなく，一人でも多くの教職員や学生さんたちの目にとまることを願っています。

実は，私は，この本を出版物として世に出すかどうかに関して，少なくとも数年間にわたって，逡巡してきました。どうしても，私にこんな本を書く資格があるのだろうかという疑惑をぬぐえなかったからです。「徳の高い人格者」でなければハラスメント問題について論じる資格はないという思いが重くのしかかり，私を捕らえて放しませんでした。

ここではっきり断っておきたいのですが，私は決して「徳の高い人格者」ではなく，揺るぎない倫理観をもって高みから読者を導こうとしているわけではありません。むしろ私は，自分の中に倫理的な危うさを感じています。そして，その危うさへの取り組みが，本書をもたらしたのです。

思い返せば，私は常に悪の心理学に惹きつけられてきました。

心理学を学び始めた大学生の頃，私は教科書でミルグラムの「アイヒマン実験」について知り，とても興味をかき立てられました。

そこには，善良な普通の市民が，ただその場を仕切っているだけの実験者から口頭で要求されただけで，残虐な行為にどんどん手を染めていく過程が赤裸々に描かれていました[31]。私は自分がその実験の被験者だったらどうしただろうかと想像しました。しかしどう想像しても，実験者の求めに応じて唯々諾々と残虐行為に従事している自分の姿しか浮かんできませんでした。

現在も私は，戦争や殺人などをテーマにした悪の心理学に惹きつけられ続けています。そうしたテーマの書物を読んでいくうちに，人間は誰しも心の中に悪を抱えているのだと確信するようになりました。そしてまた同時に，人間は誰しもその悪を何とかしりぞけ，他者に危害を加えないよう，他者とともにいようとする，けなげな心をも持っているということも理解するようになりました。

くどいようですが，私は，決して「ハラスメントとは無縁の高徳の人」として読者を導くために本書を著したわけではありません。むしろ倫理的に傷を抱えた一人の普通の人間として，読者とともに歩もうとして本書を書いたつもりです。本書がそうした姿勢を真に体現するものとなっていればと願っています。

心理援助の専門性を背景としてハラスメント相談に取り組んでいる相談員のみなさんに一言お伝えしたいことがあります。現在もなお，心理援助の主流の考え方においては，心の問題を，現在の現実の生活環境から切り離し，もっぱら（遠い過去の記憶と関わって）個人の内面で生じている現象とのみ見る見方が非常に優勢です。こうした見方に基づく心理援助は，面接室の中の二者関係のみで完結し，面接室という密室に閉ざされています。そこでは相談者の苦悩

31：ミルグラム・S（1974／2012）『服従の心理』 河出文庫

に対して現在の現実の生活環境が及ぼしている悪影響は看過されがちです。この状況はバランスを欠いており，援助の有効性を低下させていると思います。ハラスメント相談は，こうした見方に挑戦し，こうした見方の限界を乗り越えた，新たな「心理援助」のパラダイムを生み出す原動力になる可能性を蔵していると私は思います[32]。ハラスメント相談の心理援助としての側面は，理論的にも実践的にも，もっともっと探究していく価値があると思うのです。

最後に，この場を借りて，本書がこのような形で実を結ぶ上で，さまざまな形で寄与してくれた人たちに感謝の気持ちをお伝えしておきたいと思います。まず，京都大学学生総合支援センターカウンセリングルームのスタッフの先生方に感謝します。これらの先生方からは，日々，ハラスメント相談のあり方について実践に基づく議論を重ねる中で，多くを学ばせていただきました。特に，前センター長の青木健次先生には，京都大学においてハラスメント相談がスタートしたまさに最初の時点からご退職されるまで，長年にわたってご指導いただきました。また，中川純子先生とは，学術論文[33]や学会ワークショップなどでの協働作業を通してハラスメント問題についての学びをともに深めてきました。中川先生との（ときにかなりの緊張感を孕んだ）議論からどれだけ多くを私が学んだかは計りしれません。また，心理臨床学会の自主シンポジウムを通して学術的な刺激をいただいた名古屋大学ハラスメント相談センターの葛文綺先生，中澤未美子先生，立教大学人権・ハラスメント対策センタ

32：杉原保史（2016）個人内要因，対人的要因，文化的・社会的要因の相互作用について：心理相談とハラスメント相談を一つの連続したスペクトラムとして見ていくために 『現実に介入しつつ心に関わる［展開編］』 田嶌誠一編著 金剛出版 53-69 頁
33：中川純子・杉原保史（2010）ハラスメント相談における心理援助の専門的視点の意義について：大学におけるハラスメント相談窓口の経験から 『心理臨床学研究』 第 28 巻 3 313-323.

ーの山内浩美先生，九州大学ハラスメント相談室の佐竹圭介先生にも感謝します。これらの先生方との出会いを通して，私は，心理援助の専門家はこの領域にもっと寄与できるという確信を深めることができ，大いに勇気づけられました。広島大学ハラスメント相談室の横山美栄子先生からは，貴重な資料（ハラスメント関係の調査報告書）をご提供いただきました。ここに記して感謝します。そしてもちろん，ハラスメント相談の場で，勇気を持って率直にお話しくださり，この困難な問題への取り組みにおいてそれぞれに重要な寄与をしてくださった相談者の方々にも感謝します。北大路書房の安井理紗さんにもお世話になりました。みなさん，本当にありがとうございます。

そして読者のみなさん，最後までおつきあいくださり，一緒に考えて下さって，ありがとうございました。

この領域には，まだまだ多くの知恵と努力と情熱とが投入される必要があります。本書がほんの少しでもその役に立てばと願っています。

平成 29 年春

杉原　保史

●著者紹介

杉原保史（すぎはら・やすし）

1961年　兵庫県に生まれる

1989年　京都大学大学院教育学研究科博士課程　研究指導認定退学

現　在　京都大学学生総合支援センター　センター長・教授（教育学博士・臨床心理士）

主著・論文

統合的アプローチによる心理援助　金剛出版　2009年

12人のカウンセラーが語る12の物語（共編著）ミネルヴァ書房　2010年

技芸（アート）としてのカウンセリング入門　創元社　2012年

プロカウンセラーの共感の技術　創元社　2015年

キャリアコンサルタントのためのカウンセリング入門　北大路書房　2016年

ほか多数

心理カウンセラーと考えるハラスメントの予防と相談

大学における相互尊重のコミュニティづくり

2017年2月10日　初版第1刷印刷　　定価はカバーに表示
2017年2月20日　初版第1刷発行　　してあります。

著　者　杉　原　保　史
発行所　㈱北大路書房
〒603-8303　京都市北区紫野十二坊町 12-8
電　話　(075) 431-0361 ㈹
F A X　(075) 431-9393
振　替　01050-4-2083

編集・制作　本づくり工房　T.M.H.
装　　幀　安藤剛史
印刷・製本　創栄図書印刷（株）

ISBN 978-4-7628-2955-0　C0011　Printed in Japan© 2017
検印省略　落丁・乱丁本はお取替えいたします。